SITUATION

au 31 décembre 1878

DU DÉPARTEMENT D'ORAN

AU POINT DE VUE

DE LA COLONISATION, DES NOUVEAUX VILLAGES

ET

DE LA CONSTITUTION DE LA PROPRIÉTÉ CHEZ LES INDIGÈNES

PRÉSENTÉE PAR

M. NOUVION

PRÉFET D'ORAN

ORAN

IMPRIMERIE HEINTZ, ARTUS ET Cie

16, boulevard Malakoff, 16

1879

SITUATION

au 31 décembre 1878

DU DÉPARTEMENT D'ORAN

AU POINT DE VUE

DE LA COLONISATION, DES NOUVEAUX VILLAGES

ET

DE LA CONSTITUTION DE LA PROPRIÉTÉ CHEZ LES INDIGÈNES

PRÉSENTÉE PAR

M. NOUVION

Préfet d'Oran

ORAN

IMPRIMERIE HEINTZ, ARTUS ET Cie

16, boulevard Malakoff, 16

——

1879

PRÉFACE

Au moment où le Parlement va s'occuper de donner à l'Algérie une organisation nouvelle, il nous a paru utile de consigner dans un travail d'ensemble quelques renseignements généraux sur le département d'Oran et sur les travaux de colonisation qui y ont été accomplis depuis la conquête.

Nous diviserons notre travail en deux parties distinctes : la première comprendra les renseignements généraux et les résultats obtenus par la colonisation de 1841 à 1879. La deuxième contiendra la nomenclature des centres créés de 1871 à 1879, et sera consacrée à l'examen détaillé de leur situation au 31 décembre 1878.

Nous compléterons ce travail par un résumé des opérations effectuées en exécution de la loi du 26 juillet 1873 sur la constitution de la propriété chez les indigènes.

SITUATION

DU DÉPARTEMENT D'ORAN

au 31 décembre 1878

———

Iʳᵉ PARTIE

—

Renseignements généraux sur le département d'Oran. — Colonisation antérieurement à 1871. — État comparatif des progrès et du développement de la colonisation de 1841 à 1879.

La province d'Oran occupe la partie occidentale de l'Algérie ; elle est bornée : au nord, par la Méditerranée ; au sud, par une ligne mal définie, séparant les oasis des Ouled–Sidi–Cheick du Sahara ; à l'est, par la province d'Alger, et, à l'ouest, par l'empire du Maroc.

On évalue à 11,552,774 hectares la superficie de son territoire, qui se divise en territoire du département et territoire de commandement.

Le territoire du département, qui est administré par un préfet, embrasse une superficie de 1,743,259 hectares 97 ares 02 centiares.

Il comprend :

5 arrondissements renfermant 50 communes de plein exercice dont la superficie est de 401,313 hectares 38 arcs 90 centiares;

12 communes mixtes dont la superficie est de 1,341,946 hectares 58 ares 12 centiares.

Le territoire de commandement, qui est placé directement sous l'autorité militaire, comprend :

9 communes mixtes occupant une superficie de 6,479,850 hectares;

Et 4 communes indigènes d'une superficie de 3,323,514 hectares.

D'après le dernier recensement, effectué en 1876, la population fixe des communes de plein exercice était répartie de la manière suivante :

Français	37,843
Israélites naturalisés . . .	11,475
Étrangers.	64,198
Musulmans	65,895
soit un total de	179,411 habitants.

Les communes mixtes comptaient une population de :

Français	5,673
Israélites naturalisés. . .	145
Étrangers.	4,933
Musulmans.	213,456
soit un total de	224,207 habitants.

Ce qui portait à 403,618 le nombre des habitants du territoire du département au 31 décembre 1876.

Depuis cette époque de nouveaux centres ont été créés, et la population agricole des communes mixtes, qui était au 31 décembre 1876 de 194,591 habitants, s'est accrue de 26,513 habitants, dans les proportions suivantes :

Européens   3,070
Indigènes.   23,443

Ce qui porte à 212,507 habitants le chiffre de la population agricole des communes mixtes, au 31 décembre 1878.

En territoire de commandement on comptait au 31 décembre 1876 :

Français . . . .   1,800 habitants.
Israélites naturalisés. . .   786
Étrangers.   2,210
Musulmans.   216,779

soit un total de . . . .   221,575 habitants.

La province d'Oran peut se diviser en deux régions parfaitement distinctes :

1° Les terres actuellement cultivables, colonisées en partie, et connues sous le nom générique de *Tell* (du latin *tellus*, terre). Cette région se divise elle-même en deux zones dont l'aspect, les productions et le climat diffèrent. L'une comprend le littoral, auquel on donne souvent le nom de *Sahel*, et les grandes plaines qui lui font immédiatement suite. L'autre est formée par les pays montagneux et accidentés qui s'étendent de cette première zone jusqu'aux hauts plateaux.

2° Les pays non encore habités par l'élément colonisateur proprement dit, occupés par des postes militaires dont la mission est de surveiller les tribus nomades du Sud. Ce sont les steppes, les hauts plateaux et le Sahara, nommé aussi *El-Ouroug*. Cette dernière région forme également deux zones : la première est composée des hauts plateaux (pays à alfa et à pâturages); la seconde contient les sables (ou petit Sahara), et l'on n'y rencontre que quelques oasis.

Le Tell de la province d'Oran occupe toute l'étendue de cette province, de l'ouest à l'est, sur une profondeur moyenne de 200 kilomètres environ. Il est séparé des hauts plateaux par une ligne qui passe par Sebdou, Magenta, Daya, Saïda, Frendah et Tiaret.

COURS D'EAU ET BARRAGES

Les principaux cours d'eau qui parcourent le Tell oranais sont : le Chéliff, la Mina, la Macta, formée de la réunion de l'Habra et du Sig, la Mékerra, le Rio-Salado et la Tafna.

Le débit de la plupart de ces cours d'eau est insuffisant, en été, pour satisfaire aux nombreux et pressants besoins de l'agriculture. D'un autre côté, dans les régions voisines du littoral, les pluies sont beaucoup moins abondantes que dans la zone montagneuse. Pour remédier à ces inconvénients, il a été nécessaire de recourir à des moyens artificiels. Dans ce but, on a créé des barrages-réservoirs. Ces ouvrages consistent en une digue construite en travers d'une rivière pour en élever le niveau et emmagasiner, dans un vaste bassin, de grandes quantités d'eau. On rencontre, dans la province d'Oran, plusieurs barrages dont les plus importants sont ceux de l'Isser, du Tlélat, du Sig, de Saint-Maur, de la Mina, de la Djidouïa et de l'Oued-.Fergoug, qui arrose 36,000 hectares dans la plaine de l'Habra.

Afin de répartir équitablement, entre les intéressés, les eaux provenant soit des barrages, soit des cours d'eau qui ont pu être utilisés sans qu'il ait été besoin de recourir à la construction de barrages, des associations syndicales ont été fondées. Les unes, par suite du défaut d'entente entre les usagers, se trouvent encore placées sous la tutelle administrative; plusieurs (et c'est le plus grand nombre) jouissent des avantages attribués par la loi du 21 juin 1865 aux associations autorisées; d'autres sont entièrement libres et ne relèvent que d'elles-mêmes. Enfin, le service des ponts et chaussées a la direction des irrigations qui desservent certaines localités dont les habitants ne remplissent pas encore les conditions voulues pour se constituer en syndicat.

VOIES DE COMMUNICATION

La région comprise dans le département est desservie par deux routes nationales d'une longueur totale de 357 kilomètres; trois routes départementales d'une étendue de 211 kilomètres; douze chemins vicinaux de grande communication, offrant un développement de 912 kilomètres; quatre chemins d'intérêt commun, mesurant 94 kilomètres; soit un total de 1,574 kilomètres, dont 1,119 kilomètres à l'état d'entretien, et 455 kilomètres en lacune. Il existe, en outre, des chemins vicinaux classés par les communes de plein exercice ou mixtes; leur développement total est de 1,995 kilomètres, dont 1,244 kilomètres en lacune, 308 kilomètres en état d'entretien, et 442 kilomètres en construction.

Le réseau des chemins de fer actuellement en exploitation dans le département d'Oran embrasse une étendue totale de 440 kilomètres. Il se divise en trois lignes principales, qui sont celles d'Oran à Alger, d'Arzew à Saïda, du Tlélat à Sidi-bel-Abbès. D'autres lignes, d'une longueur de 507 kilomètres, et dont l'exécution n'est pas éloignée, sont soumises au Parlement, et porteront à 947 kilomètres le développement du réseau dont sera doté le département d'Oran.

En résumé, le département compte, en voies de communication de toutes sortes, une étendue de 4,516 kilomètres, ce qui représente 2m50 par hectare et 13m36 par habitant.

CLIMAT ET SALUBRITÉ

Le climat des trois provinces de l'Algérie est, dans son ensemble, celui de la Méditerranée ; mais il subit des modifications qui dépendent des circonstances locales. Humide et tempéré sur la côte, il devient sec et brûlant dans l'intérieur.

La province d'Oran est la moins chaude : sur le littoral, la température moyenne varie entre 18 et 19 degrés centigrades ; mais elle s'élève parfois, dans les mois de juillet et d'août, à 35 et même à 40 degrés. Dans le territoire de Tlemcen, la température moyenne est de 14 degrés et nous ramène au climat du midi de la France. Dans la plaine du Chéliff, qui s'étend jusque dans le département d'Oran, les chaleurs sont excessives et atteignent quelquefois 48 degrés en été.

Il n'y a en Algérie, à proprement parler, que deux saisons : l'hiver, saison des pluies, qui tombent en ondées du mois de décembre au mois de mai, et l'été, qui conduit, jusqu'en octobre, à une chaleur croissante.

Dans les premiers temps de la conquête, le climat de l'Algérie était généralement malsain : les premiers colons ont eu à lutter contre des fièvres paludéennes, dont la malignité entravait les débuts toujours pénibles de la colonisation.

Mais, depuis lors, les terres ont été défrichées et irriguées, les marais ont été desséchés, des villages ont été créés, des plantations d'arbres ont été effectuées, et tous ces travaux ont eu pour résultat de modifier complètement le climat de la Colonie, que l'on peut aujourd'hui considérer avec raison comme aussi salubre que celui de la métropole.

Au point de vue hygiénique, les nouveaux centres ne le cèdent en rien, à de rares exceptions près, à ceux existant depuis de longues années dèjà, et la mortalité y est même moins grande qu'en France.

Le tableau suivant, qui contient, par périodes quinquennales, la statistique de la population européenne dans le département d'Oran, d'après les divers recensements effectués depuis la conquête, vient à l'appui de notre assertion.

DATE des RECENSEMENTS effectués	POPULATION en bloc	FRANÇAIS	MOYENNE des naissances dans chaque période	MOYENNE des décès dans chaque période	EXCÉDANT des naissances	EXCÉDANT des décès
31 déc. 1836	3.143	980	95	104	»	9, soit 11 %
1841	4.692	1.592	179	202	»	23, soit 11 %
1846	24.927	9.747	586	563	23, soit 4 %	»
1851	34.643	13.207	1.524	2.312	»	788, soit 34 %
1856	47.251	24.979	2.027	1.748	279, soit 14 %	»
1861	54.088	27.722	2.611	2.064	547, soit 21 %	»
1866	66.843	32.438	2.798	2.050	748, soit 27 %	»
1871	81.304	35.034	2.949	3.174	»	225, soit 7 %
1876	112.647	43.516	3.642	2.953	689, soit 19 %	»
Année 1877	»	»	5.157	3.791	1,366, soit 26 %	»

Il résulte, en effet, de ce tableau, que, jusqu'en 1851,

le chiffre des décès excède celui des naissances de 11 à 34 pour cent. Ce chiffre élevé provient, en grande partie, de la mortalité exceptionnelle occasionnée par le choléra qui a sévi dans le département d'Oran en 1848-49. Mais, depuis 1851, le chiffre des naissances a été constamment et progressivement supérieur à celui des décès, excepté dans la période de 1866 à 1871, par suite de la famine de 1867. Cet excédant, qui, en 1856, était de 14 °/₀, s'est élevé en 1877 à 26 °/₀ ; et, si nous voulons résumer les résultats acquis depuis la conquête, nous trouvons, au bout d'une période de 46 ans, une augmentation de 38 °/₀ des naissances sur les décès.

Ces résultats sont mathématiques et se passent de tout commentaire.

RICHESSES NATURELLES DU SOL

Le Tell oranais renferme les éléments de richesse les plus variés.

Si nous le considérons au point de vue de sa constitution géologique, nous trouvons que l'industrie minière s'y développe chaque jour et tend à y prendre des proportions considérables. On y rencontre, en effet, des minerais de fer d'une abondance et d'une qualité remarquables ; le plomb, le cuivre, le zinc forment d'importants gisements. Des sources de pétrole ont été récemment découvertes. Les marbres de la province d'Oran, notamment ceux provenant des carrières de Kléber, sont très-appréciés. Les blocs qui ont servi à la construction du grand escalier de l'Opéra de Paris, ont été extraits des carrières d'onyx situées à Aïn-Tekbalet, dans l'arrondissement de Tlemcen. La chaux, le plâtre et les carrières de pierres offrent, dans cette province, de précieuses ressources à l'industrie du bâtiment. On y trouve aussi de l'argile que l'on utilise pour la fabrication de la poterie. Enfin, on y remarque plusieurs salines abondantes, dont la plus importante est celle d'Arzew, située à quelques kilomètres de la ville de ce nom.

Au point de vue agricole, les principaux produits du sol du Tell oranais sont les céréales, telles que blé dur, orge, maïs, cultivées de toute antiquité et qui faisaient de l'Afrique romaine un grenier d'abondance. Les colons ont ajouté à ces céréales le blé tendre, l'avoine, le seigle, les fèves et le sorgho dont une variété porte le nom de Bechna. Les plantes potagères, les légumes divers, les pommes de terre, et généralement tous les produits européens, font l'objet d'un grand commerce. On y cultive aussi le tabac, le lin, le chanvre et le coton. Les fruits sont excellents, et, sur divers points, l'oranger, le citronnier, le figuier et l'amandier, fournissent d'importantes récoltes. L'olivier croît avec une grande facilité et les huiles de Tlemcen pourront bientôt, lorsque les procédés de fabrication se seront améliorés, être comparées aux huiles de Provence sans avoir à souffrir de ce rapprochement. Enfin, la vigne trouve en Algérie, et particulièrement dans la province d'Oran, un sol et un climat dont la nature lui convient à merveille. Soit qu'on la cultive dans les terres légères et sablonneuses, soit qu'on la plante sur les versants des coteaux calcaires, partout elle croît avec vigueur et donne des produits abondants et de bonne qualité ; les vins les plus appréciés sont ceux des environs d'Oran, de Mascara et de Tlemcen. Des mesures de précaution ont été prises pour empêcher l'introduction en Algérie du phylloxera, qui a causé tant de ravages dans les vignobles du continent.

Les produits naturels du sol sont l'alfa, les bois de thuya, le pin, le caroubier, et généralement toutes les essences forestières que l'on rencontre dans le Midi de la France. L'alfa donne lieu à un trafic considérable qu'on peut évaluer, dès à présent, à plus de 60,000 tonnes par an. Ce commerce va prendre de très-grandes proportions par suite de la mise en exploitation de la région d'alfa concédée dans les hauts plateaux à la Compagnie Franco-Algérienne, qui a construit le chemin de fer d'Arzew à Saïda pour assurer l'écoulement de ses produits.

Il résulte de ce qui précède que les cultures les plus variées sont susceptibles d'être entreprises dans le département d'Oran, et elles peuvent l'être avec d'autant plus de facilité qu'on y trouve la main-d'œuvre à des prix relativement modérés par suite de l'immigration périodique d'une nombreuse population marocaine et espagnole.

COLONISATION

Nous allons maintenant étudier rapidement la marche de la colonisation dans le département d'Oran depuis la conquête jusqu'en 1879.

Les événements militaires qui s'étaient succédé sans interruption depuis le 4 janvier 1831, date de la prise de possession d'Oran par le général Damrémont, n'avaient pas permis de s'occuper sérieusement de colonisation. Ce ne fut guère qu'à la fin de l'année 1845 que, grâce à l'activité et à l'énergie déployées par le général Bugeaud, aidé des généraux Lamoricière et Cavaignac, et du colonel Pélissier, la province d'Oran se trouva à peu près pacifiée. Cependant, dès 1841, le général Bugeaud avait pris l'initiative de la colonisation, et des fermes militaires avaient été créées à Misserghin par les spahis, au camp du Figuier par le 1ᵉʳ bataillon d'infanterie légère, à la Sénia par le 56ᵉ de ligne. Bientôt, autour de ces fermes, ainsi qu'autour des postes militaires fondés dans les parties les plus éloignées de la province, des colons arrivèrent, une agglomération se forma, quelques maisons furent construites, en un mot, des villages se créèrent, et, au 31 décembre 1845, on comptait sept centres de colonisation, dont voici les noms :

Tiaret et Sidi-bel-Abbès (1843), — la Sénia et Misserghin (1844), — Sidi Chami, Saint-Denis-du-Sig et Arzew (1845).

A partir de 1846 et jusqu'en 1851, un nouvel essor fut

donné à la colonisation, et le système qui fut adopté et qui a été généralement suivi par les divers administrateurs qui se sont succédé dans le gouvernement de l'Algérie, consista à transformer graduellement les redoutes ou les camps retranchés en villes et en centres de colonisation autour desquels rayonneraient d'autres centres. Pendant cette période quinquennale, 35 centres furent fondés. Ce sont les suivants :

Mazagran, Mers-el-Kebir, Nemours, Saint-Louis, Saint-Cloud, Saint-Leu, Sainte-Barbe-du-Tlélat, La Stidia et Sainte-Léonie (1846); — Valmy et Arcole (1847); — Mangin, Assi-bou-Nif, Assi-ben-Okba, Assi-ben-Ferréah, Assi-Ameur, Fleurus, Méfessour, Kléber, Damesme, Sourk-el-Mitou, Karouba, Tounin, Aïn-Nouissy, Rivoli, Aboukir, Pélissier, (1848); — Négrier et Bréa (1849); — Sef-Sef, Mansourah, Aïn-el-Turk, Tafaraoui, Saint-André-de-Mascara, Saint-Hippolyte (1850).

Les progrès considérables accomplis par la colonisation, pendant cette période, sont dus à la vive impulsion que le gouvernement de la République de 1848 a donné à la colonisation. On se souvient, en effet, que l'Assemblée nationale avait voté une somme de cinquante millions pour la création de colonies agricoles en Algérie. C'est grâce à cette libéralité qu'il fut possible de créer, de 1848 à 1850, les 24 villages dont nous avons donné les noms plus haut. Nous n'entrerons pas ici dans des détails sur cette création des colonies agricoles; il faudrait un volume pour décrire les péripéties par lesquelles eurent à passer les immigrants de cette époque. Nous nous bornerons à constater que, malgré l'insuffisance des terres mises à leur disposition (8 à 12 hectares), malgré toutes les misères qu'ils eurent à endurer, malgré les maladies qui sévissaient alors avec une grande intensité, malgré l'épidémie du choléra de 1849, qui occasionna des pertes énormes, et malgré le manque d'aptitude de la plupart des colons appelés à peupler ces colonies, les sacrifices que s'imposa la France à cette époque ne sont pas restés sans résultat. La majeure partie des premiers immigrants disparut, mais elle fut successivement remplacée par de nouveaux immigrants plus aptes aux travaux des champs. Ces derniers, en devenant acquéreurs de plusieurs lots, purent parer à l'insuffisance des concessions premières et, aujourd'hui ces villages qui, il y a vingt ans, étaient encore dans un état voisin de la misère, sont en pleine prospérité, et la population qui les compose jouit d'une aisance relative.

Nous ajouterons que ces centres, qui, à l'origine, étaient peu sains, sont actuellement d'une salubrité parfaite, et que la moyenne de la mortalité y est inférieure à celle constatée pour l'ensemble de la France.

Cet essor, qui avait été donné à la colonisation, se maintint pendant deux nouvelles périodes quinquennales. C'est ainsi que, dans ce laps de temps, furent créés les 30 centres suivants :

Blad-Touaria, Aïn-Tedélés, Aïn-Sidi-Chérif, Aïn-Boudinar, Pont-du-Chéliff, Hennaya, Oued-el-Hammam et Aïn-Temouchent (1851) ; — Ouréah (1853) ; — Bou-Sfer (1854): Bou-Tlélis, Les Andalouses et Thessalah (1855), — Aïn-Kial et Lourmel (1856), — Relizane (1857), — La Ténirah, Pont-de-l'Isser, La M'léta, Perrégaux, Aïn el-Arba et Tamzourah (1858), — Lamoricière, L'Hillil, Rio-Salado, Er-Rahel, Sidi-Lhassen, Sidi-Brahim, Bou-Kanéfis et Sidi-Ali-ben-Youb (1859).

Dans les deux périodes qui suivent (1861 à 1866 et 1866 à 1871) la marche de la colonisation fut presque nulle, d'une part, dans la province d'Oran, par suite de la révolte des Ouled-Sidi-Cheik et des Flittas (1864), et par suite de la famine (1867), et, d'autre part, dans toute la Colonie, par suite des idées qui se faisaient jour dans les conseils du gouvernement et qui tendaient à transformer l'Algérie en un royaume arabe. L'enquête, dont fut chargé, en 1868, M. le comte Le Hon, fit justice de cette utopie dans un rapport qui fut soumis, à cette époque, au gouvernement impérial.

Les seuls centres qui aient été créés pendant ces deux périodes sont les suivants :

Bouguirat et Mocta-Douz (1862) : — Les Trembles et Sidi-Khaled (1863) ; Oued-Imbert (1864) ; — Palikao et Inkermann (1870).

Le retour du gouvernement républicain en France marqua, pour l'Algérie, le point de départ d'une nouvelle impulsion donnée à la colonisation. C'est ainsi que, de 1871 à 1874, douze centres furent créés :

Saint-Aimé, Aïn-Fekan, Oued-Taria, Terny et Zarouéla (1872) ; — Hameau de l'Habra, Cassaigne, Bosquet, Ouillis, Franchetti, Tekbalet et Aïn-Fezza (1873).

Pendant la dernière période quinquennale, c'est-à-dire de 1874 à 1879, vingt-sept centres furent créés. Ce sont :

Chabat-el-Leham, Hammam-bou-Hadjar, Sirat, Renault, Froha, Mercier-Lacombe (1874) ; — Bou-Henni, Lamtar, Aïn-el-Hadjar et Tiffilès (1875) ; — Arlal, l'Ouggaz, Saint-Lucien, Blad-Touaria, Hamadena, El-Romri et Maoussa (1876) ; — Sahouria, Oued-Djemàa, El-Keçar et Tabia (1877) ; — Les Silos, Thiersville et Aïn-Farès (1878) ; Matemore, Thizy et Remchi (1879).

En outre, de 1874 à 1879, plusieurs centres existants furent agrandis. Ce sont, au nombre de huit, les suivants :

Palikao (1874), — Sidi-Lhassen (1875), — Inkermann (1877), — Ouillis, Oued-Imbert et Mocta-Douz (1878), — Rio-Salado et Sourk-el-Mitou (1879).

Ce qui porte à trente-cinq le total des centres créés ou agrandis dans cette période quinquennale.

Pour résumer ce qui précède, nous avons dressé le tableau suivant, qui contient l'*Etat comparatif, par périodes quinquennales, de 1841 à 1879, des progrès et du développement de la colonisation dans le département d'Oran.*

DÉSIGNATION des périodes quinquennales	NOMBRE de centres créés dans le cours de chaque période.	TOTAL des centres créés au 31 décembre de la dernière année de chaque période.	TOTAL AU 31 DÉCEMBRE DE LA DERNIÈRE ANNÉE DE CHAQUE PÉRIODE					
			Population agricole.	Bestiaux	Instruments agricoles	Constructions	Vignes — Hectares	Cultures de toutes sortes — Hectares
1841 à 1845	7	7	447	»	»	»	»	»
1846 à 1850	35	42	2.916	6.370	644	567	15	4.180
1851 à 1855	13	55	17.061	30.739	4.817	1.714	136	16.769
1856 à 1860	17	72	26.554	65.455	11.643	4.102	1.246	39.867
1861 à 1865	5	77	27.229	92.703	14.327	5.615	3.003	41.759
1866 à 1870	2	79	28.704	129.137	20.034	6.726	3.735	73.093
1871 à 1875	22	101	39.271	140.498	22.902	7.758	4.875	95.795
1876 à 1878	14	115	47.601	157.428	30.694	8.957	7.068	108.723

Les résultats consignés dans ce tableau peuvent se décomposer de la manière suivante :

Pendant la première période de colonisation, qui s'étend de 1841 à 1846, sept centres comprenant une population agricole de 447 habitants ont été créés.

Au 31 décembre 1850, le nombre de villages s'était accru de 35, la population agricole s'élevait à 2,916 habitants, possédant 6,370 têtes de bétail et 644 instruments agricoles. Le nombre des constructions était de 567, les cultures diverses occupaient une superficie de 4,180 hectares, celle de la vigne s'étendait sur 15 hectares.

Au 31 décembre 1855, la province d'Oran comptait treize nouveaux villages. La population agricole comprenait 17,061 habitants, possédant 30,739 têtes de bétail et 4,817 instruments agricoles. Le nombre des maisons construites s'élevait à 1,714, les cultures diverses embrassaient une étendue de 16,769 hectares, celle de la vigne atteignait 136 hectares.

Au 31 décembre 1860, le nombre des centres créés s'élevait à 72. La population agricole était de 26,554 habitants, possédant 65,455 têtes de bétail et 11,643 instruments agricoles; 4,102 maisons avaient été construites; 39,867 hectares avaient été livrés à des cultures diverses, et la vigne s'étendait sur une superficie de 1,246 hectares.

Au 31 décembre 1865, le nombre des villages s'était augmenté de cinq. La population agricole s'élevait à 27,229 habitants, possédant 92,703 têtes de bétail et 14,327 instruments agricoles. Le nombre des constructions était de 5,615, les cultures diverses occupaient une superficie de 41,759 hectares, celle de la vigne 3,003 hectares.

De 1866 au 31 décembre 1870, deux nouveaux centres seulement furent créés, ce qui porta à 79 le nombre de villages fondés dans la province d'Oran depuis 1841, c'est-à-dire pendant une période de trente années. Au 31 décembre 1870, la population agricole était de 28,704 habitants, possédant 129,137 têtes de bétail et 20,034 instruments; 6,726 maisons avaient été construites;

73,093 hectares avaient été livrés à des cultures diverses, et la culture de la vigne s'étendait sur 3,735 hectares.

De 1871 au 31 décembre 1875, 22 nouveaux villages furent créés, et la population agricole du département s'élevait à cette dernière date à 39,271 habitants, possédant 140,498 têtes de bétail et 22,902 instruments. Le nombre des constructions était de 7,758. Les terrains livrés à des cultures diverses occupaient une superficie de 95,795 hectares, et ceux consacrés à la culture de la vigne comprenaient 4,875 hectares.

Enfin, au 31 décembre 1878, le département d'Oran avait une population agricole de 47,601 habitants répartie entre 115 villages, et possédant 157,428 têtes de bétail et 30,694 instruments. Le nombre des maisons construites était de 8,957, les cultures diverses s'étendaient sur une superficie de 108,723 hectares, et 7,068 hectares avaient été livrés à la culture de la vigne.

En résumé, il a été créé dans le département d'Oran :

De 1841 à 1851 . . . . 42 centres.
De 1851 à 1861 . . . . 30 centres.
De 1861 à 1871 . . . . 7 centres.
De 1871 à 1879 . . . . 36 centres.

Si l'on compare entre eux les résultats obtenus dans chacune de ces périodes, on est forcé de reconnaître que c'est sous le gouvernement de la République que l'œuvre de la colonisation a reçu, à deux reprises différentes, la plus vive et la plus sérieuse impulsion.

Les renseignements généraux qui précèdent ne nous paraîtraient pas complets, si nous ne faisions connaître les noms des divers administrateurs qui ont pris une part active au développement de la colonisation.

Nous devons citer tout d'abord ceux à qui fut confié

le gouvernement général de la Colonie. Ce sont les suivants :

Maréchal BUGEAUD (décembre 1840 — septembre 1847). Sous son administration, 18 centres ont été créés dans la province d'Oran, savoir : Tiaret, Sidi-bel-Abbès, La Sénia, Misserghin, Sidi-Chami, Saint-Denis-du-Sig, Arzew, Mazagran, Mers-el-Kebir, Nemours, Saint-Louis, Saint-Cloud, Saint-Leu, Sainte-Barbe du Tlélat, La Stidia, Sainte-Léonie, Valmy et Arcole.

Pendant la durée de cette période, M. le général de Lamoricière a commandé la province d'Oran et a donné tous ses soins à ces importantes créations, et, de 1841 à 1845, il a été aidé dans cette tâche par MM. de Soubeyran et Berthier de Sauvigny, sous-directeurs de l'intérieur à Oran. A partir de 1845, il a eu pour collaborateur, dans l'œuvre de la colonisation, M. Mercier-Lacombe, qui, depuis, a occupé successivement, en Algérie, les hautes fonctions de secrétaire général du gouvernement, du mois de janvier 1849 à 1853, et celles de conseiller d'Etat, directeur général des affaires civiles et financières, de 1851 à 1864.

Général CHARRON (septembre 1848 - octobre 1850). — Sous son administration, 24 centres ont été créés. Ce sont : Mangin, Assi-bou-Nif, Assi-ben-Okba, Assi-ben-Ferréah, Assi-Ameur,'Fleurus, Mefessour, Kléber, Damesme, Sourk-el-Mitou, Karouba, Tounin, Aïn-Nouissy, Rivoli, Aboukir, Pélissier, Négrier, Bréa, Sef-Sef, Mansourah, Aïn-el-Turck, Tafaraoui, Saint-André-de-Mascara et Saint-Hippolyte.

Général D'HAUTPOUL (octobre 1850 - décembre 1851). — Sous son administration, 8 centres furent créés, savoir : Blad-Touaria, Aïn-Tedélès,|Aïn-Sidi-Chérif, Aïn Boudinar, Pont-du-Chéliff, Hennaya, Oued-el-Hammam et Aïn-Temouchent.

Maréchal RANDON (décembre 1851- juin 1858). — Sous son administration, les villages construits en 1851 ont été terminés et 8 nouveaux centres ont été créés. Ce sont : Ouréah, Bou-Sfer, Bou-Tlélis, les Andalouses, Thessalah, Aïn-Kial, Lourmel et Relizane.

Prince NAPOLÉON (juin 1858 — mars 1859), et comte de CHASSELOUP-LAUBAT (mars 1859 — novembre 1860). — Pendant cette période, un ministère spécial de l'Algérie avait été institué, et, sous l'administration des deux titulaires successifs de ce portefeuille, quatorze centres ont été créés. Ce sont: Le Ténirah, Pont-de-l'Isser, La Mleta, Perrégaux, Aïn-el-Arba, Tamzourah, Lamoricière, L'Hillil, Rio-Salado, Er-Rahel, Sidi-Lhassen, Sidi-Brahim, Boukanéfis et Sidi-Ali-ben-Youb.

Maréchal PÉLISSIER (novembre 1860 — mai 1864), et Maréchal DE MAC-MAHON (septembre 1864 — juillet 1870). Pendant cette période sept centres seulement ont été créés, savoir : Bouguirat, Mocta-Douz, Les Trembles, Sidi-Khaled, Oued-Imbert, Palikao et Inkermann. Ce temps d'arrêt dans la marche de la colonisation provint de la pensée que le gouvernement impérial avait conçue de faire de l'Algérie un royaume arabe. Ce projet, qu'ils combattirent très-énergiquement, empêcha le maréchal Pélissier, gouverneur général, et M. Mercier-Lacombe, sous-directeur général des affaires civiles, de donner à la colonisation l'impulsion qu'ils lui avaient imprimée au début de leur administration dans la province d'Oran. Tous leurs efforts vinrent échouer contre les tendances d'une politique anti-colonisatrice qui marqua d'une façon si pénible pour l'Algérie la période de 1860 à 1870.

Vice-amiral comte DE GUEYDON (1871 — juin 1873). — Sous cette administration, cinq centres ont été créés. Ce sont: Saint-Aimé, Aïn-Fekan, Oued-Taria, Terny et Zarouéla.

Général CHANZY (juin 1873 23 février 1879). — Sous le gouvernement du général Chanzy, trente-sept centres ont été créés. Ce sont : Hameau de l'Habra, Cassaigne, Bosquet, Ouillis, Franchetti, Tekbalet, Aïn-Fezza, Chabat-el-Leham, Hammam-bou-Hadjar, Sirat, Renault, Froha, Mercier-Lacombe, Bou-Henni, Lamtar, Aïn-el-Hadjar, Tiffilès, Arlal, l'Ouggaz, Saint-Lucien, hameau de Blad-Touaria, Hamadena, El-Romri, Maoussa, Sahouria, Oued-Djemâa, El-Keçar, Tabia, les Silos, Thiersville, Aïn-Farès, Matemore, Thizy, Remchi, Nazereg, Guertoufa et Charrier. Ces trois derniers centres se trouvent encore placés en territoire de commandement et relèvent directement de l'autorité militaire.

En outre, huit centres ont été agrandis, savoir :

Palikao, Sidi-Lhassen, Inkermann, Ouillis, Oued-Imbert, Mocta-Douz, Rio-Salado et Sourk-el-Mitou.

Ce qui porte à 45 le nombre des villages créés ou agrandis sous l'administration du général Chanzy.

Nous terminerons cette étude en montrant quelle part ont prise à l'œuvre de la colonisation les généraux et les préfets qui ont administré successivement la province et le département d'Oran depuis 1848, époque à laquelle le territoire de la province d'Oran, soumis exclusivement jusqu'à ce moment au régime militaire, fut divisé en territoire dit civil, dont l'administration fut confiée à un préfet, et en territoire dit militaire, administré par le général commandant la division.

Jusqu'en 1871, l'autorité militaire fut chargée de rendre disponibles les terres de colonisation et de créer les centres qui, en principe, devaient être remis à l'administration civile le jour où ils pouvaient être régis par le droit commun. Pendant cette période, l'administration civile n'eut à s'occuper de la création que d'un nombre excessivement restreint de villages. C'est ce qui explique comment un homme de la valeur du regretté M. Warnier, qui a occupé les fonctions de préfet d'Oran et de préfet d'Alger, et que la reconnaissance des Algériens avait envoyé siéger à l'Assemblée nationale, et comment les préfets Garbé, Majorel et Brosselard, qui ont cependant laissé dans le département d'Oran la réputation de bons administrateurs, n'ont pu attacher leur nom à aucune création importante.

Les généraux qui ont commandé successivement la province d'Oran sont les suivants :

Général PÉLISSIER (1848-1854). — C'est sous son commandement que furent fondées les colonies agricoles de 1848 et un certain nombre de centres qui forment un total de 34 villages.

Général DE MONTAUBAN (1854-1858). — Sous son commandement 8 villages furent créés.

Général WALSIN-ESTHÉRAZY (1858-1860). — Sous son commandement 13 villages furent créés.

Général DELIGNY (1860-1869). — Sous son commandement 6 centres furent créés.

Général WIMPFFEN (1870). — Sous son commandement 2 centres furent créés.

Enfin, sous le commandement du général OSMONT (1871 à 1879), 15 centres furent créés.

Ce n'est qu'à partir de 1872 que des territoires occupés par les indigènes ont été remis à l'autorité civile et qu'on a formé de vrais départements en Algérie.

M. MAHIAS a été le premier préfet qui ait eu à s'occuper réellement de colonisation. C'est sous son administration qu'ont eu lieu les premières études entreprises dans ce but dans le département d'Oran, et que le hameau de l'Habra a été créé.

Mais la colonisation n'a pris un développement sérieux qu'à partir de 1874. C'est ainsi que, de janvier 1874 au mois de janvier 1879, vingt-cinq nouveaux villages ont été créés, et huit centres existants déjà agrandis, ce qui porte à 33 le nombre des villages créés ou agrandis sous notre administration.

IIᵉ PARTIE

—

Renseignements sur les données qui ont servi de base au programme de colonisation. — Notes et renseignements statistiques sur chacun des nouveaux villages. — Résumé des opérations effectuées, en exécution de la loi du 26 juillet 1873, pour la constitution de la propriété chez les indigènes.

Le développement des richesses agricoles et industrielles d'un pays dépend surtout de la facilité des communications et des débouchés. Cet axiome étant posé et reconnu comme vrai, a servi de point de départ au programme que nous avons adopté et dont nous poursuivons la réalisation.

Pour répondre aux besoins croissants de la colonisation, dans le département d'Oran, il importait, avant tout, de développer le réseau des voies de communication existantes. Celles-ci étant en partie parallèles à la mer, il était nécessaire de créer des routes qui leur fussent perpendiculaires, de manière à pénétrer plus profondément dans le pays et à diviser en grands carrés le territoire du département. Sur ces voies devaient être établis des villages, afin d'encadrer les Arabes au milieu de la population européenne et d'assurer ainsi la sécurité du pays, tout en faisant profiter les indigènes de la plus-value des terres résultant de ces travaux, en ouvrant largement leur territoire au commerce et en facilitant ainsi l'écoulement de leurs produits.

Le Conseil général, saisi de ces propositions, dans sa séance du 10 avril 1876, les accepta en principe, et décida la création de chemins qui, joints à ceux déjà existants, assureraient provisoirement la viabilité de toute la zone susceptible d'être livrée à la colonisation.

Ceci exposé, notre programme a consisté :

1° A placer les centres nouveaux sur les lignes de chemins de fer et sur les routes ;

2° A faire rayonner la colonisation autour des centres principaux déjà existants, de manière à donner à ces centres des éléments de prospérité et à faciliter l'installation des nouveaux colons. En effet, ces derniers trouvent, dans la proximité d'une population déjà assise, des ressources matérielles de toutes sortes et une satisfaction morale qui les aident à mieux supporter les difficultés d'une première installation.

C'est ainsi qu'on remarque :

Sur la ligne du chemin de fer P.-L.-M, entre Oran et la limite du département, les villages de l'Ouggaz, Bou-Henni, Sahouria, El-Romri, Les Silos, Oued-Djemàa, Hamadena, Saint-Aimé et Inkermann.

Sur la ligne du chemin de fer du Tlélat à Sidi-bel-Abbès : le village de Saint-Lucien et l'Oued-Imbert.

Sur la ligne du chemin de fer d'Arzew à Saïda, qui sera prochainement livrée à l'exploitation, les villages de Thizy, Froha, Thiersville, Traria et Franchetti.

Les villages placés sur des voies de communication sont les suivants, et ils rayonnent, savoir :

Chabat-el-Leham, Hammam-bou-Hadjar, Arlal, Tekbalet, le centre projeté des Trois-Marabouts et l'agrandissement du Rio-Salado, autour d'Aïn-Temouchent.

Aïn-el-Hadjar, Lamtar, Bou-Kanéfis, Tabia, Tiffilès, El-Keçar, Muley-Abd-el-Kader, le centre important de

Mercier-Lacombe, Zérouela et Sidi-Lhassen, autour de Sidi-bel-Abbès.

Aïn-Fekan, Maoussa, Palikao, Aïn-Farès et les centres en cours de peuplement de Thizy et de Matemore, autour de Mascara.

Sahouria, Bou-Henni, L'Habra et Mocta-Douz, autour de Perrégaux.

Sur la route de Mostaganem à Inkermann, par le Dahra, on rencontre Ouillis, Bosquet, Cassaigne et Renault.

Enfin, Remchi va être le point de départ d'une seconde zone de villages destinés à entourer Tlemcen', déjà remarquable par la prospérité de ses annexes qui sont : Négrier, Sef-Sef, Bréa, Hennaya et les deux petits hameaux d'Aïn-Fezza et de Terny.

Nous venons de montrer l'idée qui a présidé à la rédaction de notre programme de colonisation, et nous en avons esquissé à larges traits les résultats. Nous allons donner, maintenant, des renseignements statistiques sur chacun des villages créés de 1871 à 1879.

ARRONDISSEMENT D'ORAN

L'arrondissement d'Oran compte 7 nouveaux centres: hameau de l'Habra, Chabat-el-Leham, Hammam-bou-Hadjar, Arlal, Bou-Henni, l'Ouggaz, Saint-Lucien, et deux agrandissements ; Mocta-Douz et Rio-Salado.

HAMEAU DE L'HABRA

Le hameau de l'Habra, qui dépend de la commune de Perrégaux, a été créé en 1873; il est situé sur le chemin de grande communication de Saint-Denis-du-Sig à Perrégaux, à 3 kilomètres de ce dernier centre; il a un territoire de 124 hectares 55 ares 40 centiares, qui a été divisé en 16 feux dont 4 industriels. Sa population, y compris les habitants de la rive gauche de l'Habra qui dépendent aussi de la commune de Perrégaux, est de 114 habitants; elle possède 1,402 têtes d'animaux, et 89 instruments agricoles; il y existe 29 maisons et un moulin à eau très-important; le nombre des arbres plantés s'y élève à 17,279; celui des hectares cultivés à 675; enfin il y a été planté 3 hectares de vigne.

Installé en 1873, sur des terrains domaniaux provenant de déchéance, il est aujourd'hui occupé par les 12 familles d'immigrants qui y ont obtenu des concessions. Il a été assez cruellement éprouvé par les fièvres qui sévissent dans cette contrée et se feront encore malheureusement sentir, d'une façon sensible, tant que les 24,000 hectares appartenant à la Société Franco-Algérienne n'auront pas été peuplés et mis en culture.

De nombreuses plantations ont été faites dans cette contrée par le syndicat des eaux et par les propriétaires des fermes environnantes: il faut citer, en première ligne, M. Gardelle, pour ses belles plantations d'eucalyptus.

L'Etat a fait construire une conduite d'eau, un bassin-filtre, un lavoir, un abreuvoir et une école-chapelle; il y a fait aussi des canaux d'irrigation et des plantations. Tous ces travaux ont coûté 22,000 francs.

CHABAT-EL-LEHAM

Le village de Chabat-el-Leham, section de la commune mixte d'Aïn-Témouchent, a été créé en 1874; il est situé à 1,200 mètres de la route nationale d'Oran à Alger, à 6 kilomètres Ouest du village de Rio-Salado et à semblable distance Est d'Aïn-Témouchent. Son territoire, qui a une superficie de 2,567 hectares 27 ares 20 centiares, a été divisé en 50 lots agricoles, 1 lot supplémentaire et 4 lots de ferme, qui sont tous attribués.

Sa population est de 197 habitants, possédant 370 têtes de bestiaux et 206 instruments agricoles; il y a été construit 47 maisons, planté 1,998 arbres, et cultivé 452 hectares.

Placé dans des conditions hygiéniques très-favorables, le village de Chabat-el-Leham n'a pas été éprouvé par les maladies qui se font généralement sentir dans les centres de nouvelle création. Aussi a-t-il pris un rapide développement et sa prospérité est-elle pleinement assurée.

Tous les travaux d'installation y sont terminés : deux puits avec noria, abreuvoir, école-chapelle, chemin, plantations, empierrements et nivellements, ouvrages qui ont donné lieu à une dépense de 73,200 francs. En échange des terrains qui leur ont été pris, les indigènes ont reçu une attribution de 106 hectares et, en outre, une somme de 43,323 francs.

Il ne reste plus qu'à doter ce village d'une église. Cet édifice est d'autant plus nécessaire aujourd'hui que l'école est insuffisante pour recevoir les élèves qui la fréquentent et qu'il devient urgent d'y affecter le local qui sert actuellement de chapelle.

HAMMAM-BOU-HADJAR

Le village de Hammam-bou-Hadjar, autre section de la commune mixte d'Aïn-Témouchent, a été créé en 1874; il est situé à 60 kilomètres d'Oran, à 10 d'Er-Rahel où s'embranche, sur la route nationale d'Oran à Tlemcen, le chemin de ceinture de la Mléta qui y conduit, en passant par le petit centre de la Mléta pour aller ensuite à Aïn-el-Arba, distant de 8 kilomètres.

Son territoire est de 2,829 hectares 55 ares 25 centiares, comprenant, outre deux propriétés privées, 52 lots agricoles, 6 lots de ferme et 12 lots industriels qui sont tous attribués.

Sa population est de 257 habitants possédant 289 têtes d'animaux et 153 instruments agricoles; le nombre des maisons construites s'élève à 58; il y a été planté 3,377 arbres et cultivé 390 hectares.

Hammam-bou-Hadjar, ainsi que l'indique facilement son nom indigène, possède des eaux thermales salines et gazeuses. Ces eaux ont des qualités thérapeuthiques très-appréciées par les indigènes qui fréquentent assidûment le petit établissement de bains appartenant à la commune mixte.

Des travaux effectués pour l'aménagement des sources ont développé considérablement leur débit qui est utilisé pour l'alimentation du village, en même temps que pour l'irrigation des jardins; ce débit est suffisant pour desservir un établissement thermal beaucoup plus considérable que celui qui existe actuellement.

Une demande de concession des eaux a été faite par MM. Chadebec et Malacour qui projettent d'y établir un établissement très-important. L'affaire est complètement instruite, les enquêtes réglementaires sont terminées et le dossier est au Conseil d'Etat.

Ce centre, comme on le voit, renferme, au point de vue industriel, des conditions qui assurent sa prospérité pour l'avenir. On peut en dire autant si on le considère au point de vue agricole : ses terres sont très-bonnes, la contrée est salubre, et la constitution de la propriété dans le douar-commune de Bou-Hadjar, au milieu duquel il est placé, lui permettra d'acquérir un très-grand développement.

La commune mixte y a fait construire une mairie et une maison pour le médecin de colonisation. L'Etat, de son côté, y a fait édifier une école-chapelle. En outre des recherches d'eau, un bassin-réservoir, un lavoir, un abreuvoir, des plantations, etc., ont été exécutés par ses soins et ont occasionné une dépense de 116,000 fr. Il reste, comme à Chabat-el-Leham, et pour les mêmes raisons, à le doter d'une église dont la construction immédiate est devenue indispensable.

Il a été donné aux propriétaires, en échange des terrains qui leur ont été pris, 1,423 hectares provenant du déclassement de la forêt domaniale de Keroutis, et il leur a été alloué. en outre, une somme de 89,832 francs.

ARLAL

Le centre d'Arlal, créé en 1876, est encore une section de la commune mixte d'Aïn-Temouchent; il est situé à 14 kilomètres de la ville de ce nom, sur le chemin de grande communication de Sidi-bel-Abbès à la mer, et à 24 kilomètres d'Aïn-el-Hadjar qui est sur la même voie.

Son territoire a une contenance de 1,946 hectares 14 ares, divisé en 40 lots agricoles, 2 lots de ferme et 10 lots industriels.

Sa population est de 112 habitants, possédant 386 têtes d'animaux et 18 instruments agricoles; le nombre des maisons construites s'élève à 27; il y a été planté 2,881 arbres et cultivé 78 hectares.

La source qui alimente le village est très-abondante et permet d'irriguer les jardins.

Outre les dépenses effectuées pour le chemin d'accès et l'aménagement des sources, l'Etat a fait construire un bordj qui renferme l'église, l'école et le logement de l'instituteur.

Le territoire d'Arlal, formé de mamelons dont les crêtes ne sont que des rochers arides, est très-accidenté; c'est pour ce motif que la contenance des concessions a été portée à 35 hectares environ, alors qu'elle n'est que de 25 à 30 hectares dans les autres centres. Les terres y sont de première qualité et les récoltes y sont presque toujours assurées.

BOU-HENNI

Le centre de Bou-Henni, créé en 1875, forme une section de la commune-mixte de Saint-Denis-du-Sig; il est situé sur la ligne du chemin de fer d'Oran à Alger, à 800 mètres de l'arrêt de l'Habra, à 10 kilomètres de Saint-Denis-du-Sig et à 14 de Perrégaux; le chemin de grande communication entre ces deux localités traverse le village en se dirigeant vers Mocta-Douz, qui se trouve à 4 kilomètres plus loin.

Son territoire est de 1,616 hectares 42 ares 13 centiares, divisés en 52 lots agricoles et un lot supplémentaire qui sont tous attribués. Sa population est de 290 habitants, possédant 107 têtes de bestiaux et 79 instruments agricoles; il y a été construit 46 maisons et 1 moulin à vent; il y a été cultivé 740 hectares, planté 6,213 pieds d'arbres et 14 hectares de vigne.

Les terrains situés au nord du chemin de fer sont irrigués au moyen d'un canal s'embranchant sur le canal principal de la rive droite de l'Habra. C'est ce canal qui alimente le village; mais les eaux destinées à cet usage sont reçues d'abord dans des bassins-réservoirs et livrées ensuite à la consommation après avoir été filtrées. Pour surcroît de précaution, chacune des premières familles installées a reçu un filtre de ménage.

Le village a été encadré de massifs d'eucalyptus comprenant plus de 4,000 sujets de belle venue, et tout porte à croire que lorsque ces plantations auront atteint un certain développement, elles contribueront sensiblement à son assainissement.

Malgré les fièvres qui l'ont assez fortement éprouvé, le centre de Bou-Henni est en bonne voie de prospérité.

Les dépenses effectuées pour l'installation du village se sont élevées à 77,000 francs; les travaux auxquels elles s'appliquent, comprennent non-seulement le canal d'amenée des eaux, les canaux d'irrigation, les bassins-filtres et les plantations dont il a déjà été parlé, mais encore une école, une église, un lavoir et un abreuvoir.

Le montant des indemnités d'expropriation atteindra le chiffre de 66,000 francs environ, en outre de 603 hectares cédés aux indigènes.

Les terres ont été prélevées sur les douars-communes des Ferraga, Atba-Djelaba, Atba-Djemmala et Krouf.

L'OUGGAZ

Le centre de l'Ouggaz, créé en 1876, forme une autre section de la commune mixte de Saint-Denis-du-Sig. Il est situé sur la ligne du chemin de fer d'Oran à Alger, au 46e kilomètre d'Oran et à 6 kilomètres avant d'arriver au Sig; il est desservi par un arrêt dont il est éloigné de 800 mètres.

Son territoire a une contenance de 1,195 hectares 95 ares 90 centiares et a été divisé en 30 lots agricoles et 18 lots industriels. Sa population est de 149 habitants, possédant 127 têtes d'animaux, 61 instruments agricoles; 30 maisons y ont été construites; 752 hectares ont été cultivés, 2,732 arbres et 31 hectares de vigne ont été plantés.

C'est dans ce village que le département a, comme essai, fait construire un certain nombre de maisons pour être concédées, à charge de remboursement par annuités, aux colons admis à son peuplement. Sur les 23 maisons édifiées, trois ont été attribuées à des colons du pays et 20 à des immigrants de la métropole, dont 19 provenant du département du Gard.

Chaque colon, avant de prendre possession de sa concession, a déposé à la Banque un dixième de la valeur de la maison, représentant le montant de la première annuité.

Il serait à désirer que cet essai pût être appliqué d'une manière générale à tous les nouveaux centres créés; malheureusement, ni l'État ni le départemeut ne peuvent entrer dans cette voie, et il est nécessaire de trouver un autre moyen de réaliser cette combinaison qui assurerait, certainement, dès le principe, la prospérité des nouveaux centres.

Les dépenses nécessitées pour l'installation du village, se sont élevées au chiffre de 41,000 francs et s'appliquent au chemin d'accès, à des nivellements, empierrements et plantations, à la construction d'un canal, d'un bassin-filtre, d'un lavoir, d'un abreuvoir et d'une école.

Il reste à édifier, pour la célébration du culte, un bâtiment qui sera divisé en deux parties, l'une consacrée aux catholiques et l'autre aux protestants, la population de l'Ouggaz comprenant un chiffre à peu près égal d'habitants appartenant à chacune de ces religions.

Le montant des indemnités d'expropriation payées ou encore à payer, atteindra le chiffre de 28,500 francs; il a été cédé, enoutre, aux indigènes, 748 hectares provenant du déclassement d'une partie de la forêt de Mouley-Ismaël.

Les terrains ont été expropriés sur les douars-communes de l'Ouggaz et Hel-el-Aïd.

SAINT-LUCIEN

Le village de Saint-Lucien, créé en 1876, forme une section de la commune mixte du Tlélat; situé à 6 kilomètres du Tlélat, il est le premier point d'arrêt de la nouvelle ligne de chemin de fer de Sainte-Barbe-du-Tlélat à Sidi-bel-Abbès. Il est desservi, en outre, par la route départementale qui conduit à cette dernière ville, et par un chemin vicinal menant à la Mare-d'Eau.

Son territoire a une contenance de 2,240 hectares 87 ares, sur lesquels 905 hectares 80 ares constituant des propriétés privées; le surplus a été divisé en 30 lots agricoles, 1 lot de ferme et 32 lots industriels. Sa population est de 253 habitants, possédant 486 têtes d'animaux et 90 instruments agricoles; il y a été construit 47 maisons ; on y trouve un moulin à eau très-important ; le nombre d'hectares cultivés s'élève à 874 ; il y a été planté 2,000 arbres et 9 hectares de vigne.

Un essai différent de celui fait à l'Ouggaz a été tenté à Saint-Lucien ; au lieu de maisons, il a été construit des baraquements divisés en quatre compartiments attenants ; chaque compartiment sert provisoirement d'abri aux familles installées, et peut être converti plus tard en un hangar, une fois que le colon a fait construire sa maison.

Chacun de ces abris est revenu à la somme de 750 fr., laquelle a été versée par le concessionnaire, dès son arrivée, à la caisse de la commune mixte qui avait fait l'avance des fonds.

C'est entre ces deux systèmes qu'il faut trouver un moyen terme, permettant d'installer immédiatement et d'une façon convenable les immigrants dès leur arrivée, et de leur éviter ainsi les maladies qu'ils contractent presque toujours, en se logeant, pendant un temps plus ou moins long, sous des tentes ou des gourbis. Ils peuvent en outre se mettre immédiatement au travail et ne pas perdre à leur installation un temps précieux, au moment même où tous leurs instants doivent être consacrés aux travaux agricoles.

L'eau d'alimentation est fournie par les sources du Keçar qui ont été captées et menées dans un vaste bassin-réservoir servant en même temps au village et à la compagnie de chemin de fer, laquelle a pris à sa charge la moitié des dépenses effectuées. Ces travaux ont été également utilisés pour conduire au village de Sainte-Barbe-du-Tlélat l'eau des sources du Télégraphe, ce qui a donné enfin satisfaction à un vœu exprimé depuis longtemps déjà par les habitants de cette intéressante localité.

Le barrage du Tlélat fournit, en outre, au village de Saint-Lucien, l'eau nécessaire pour l'irrigation de ses jardins.

Il a été fait sur ce point de nombreuses plantations ; un emplacement de 12 hectares touchant le village est destiné à être entièrement complanté en pins.

Il a été dépensé à Saint-Lucien 58,500 fr. pour les travaux effectués jusqu'à ce jour : nivellements, empierrements, plantations, conduite d'eau, bassin-réservoir, fontaine, canal d'irrigation, école, église, lavoir et abreuvoir. Il reste à construire le presbytère et à achever l'Eglise.

De son côté, la commune mixte a fait édifier une mairie pour l'installation de l'administration municipale.

Les dépenses pour l'acquisition des terres se sont élevées à 49,370 fr., et il a été cédé, en outre, aux indigènes 481 hectares provenant de la forêt de Mouley-Ismaël.

Les terres expropriées ont été prélevées sur les douars-communes de Telilat et Meftah.

MOCTA-DOUZ (agrandissement)

Le centre de Mocta-Douz, créé en 1862, a été agrandi en 1878. Ce village est situé dans la plaine de l'Habra, à 6 kilomètres de Bou-Henni, au milieu de terres irrigables qui ont été vendues aux enchères par l'État, et sur lesquelles s'élèvent, aujourd'hui, de nombreuses fermes. Le territoire proprement dit de Mocta-Douz n'a qu'une contenance de 108 hectares, qui ont été divisés en 25 feux. En créant ce village, l'Administration n'avait en vue, dans le principe, que de faire un centre où viendraient se grouper les industriels dont le concours pouvait être utile aux habitants de la plaine. Quoique ce but n'ait pas été complètement atteint, ce village est devenu néanmoins, par sa situation même, le siége de la commune de plein exercice qui a été instituée sur ce point, et la nécessité d'un agrandissement se faisait sentir depuis longtemps.

L'agrandissement effectué ne comporte que 100 hectares qui ont été répartis entre 10 familles de colons algériens. Il n'aurait pas été possible de lui donner une plus grande extension, sans léser considérablement les intérêts des indigènes fixés sur ce point, et sans entrer dans des dépenses qui auraient été hors de proportion avec le but que l'on poursuivait.

La population de Mocta-Douz, avant l'agrandissement, était de 726 habitants, possédant 6,482 têtes d'animaux et 268 instruments agricoles; le nombre des maisons construites était de 39; le chiffre des hectares cultivés s'élevait à 924; il y a été planté 6,650 arbres et 6 hectares de vigne.

Cet agrandissement a permis de doter le centre de Mocta-Douz d'une école-chapelle, d'une conduite d'eau, d'un abreuvoir, qui ont donné lieu à une dépense de 44,000 francs à laquelle la commune a contribué pour une somme de 7,000 francs.

Le chiffre des indemnités d'expropriation s'élèvera à la somme de 6,000 francs.

Les terres sont prises sur le douar partiel des Habra, qui fait partie du douar-commune des Atba-Djellaba.

RIO-SALADO (agrandissement)

Le village de Rio-Salado, créé en 1859, est situé sur la route nationale d'Oran à Tlemcen, à 60 kilomètres d'Oran et à 12 kilomètres avant d'arriver à Aïn-Temouchent, dont il forme une section communale.

Sa population actuelle est de 366 habitants, possédant 2,592 têtes d'animaux et 101 instruments agricoles; il y existe 42 maisons; on y a planté 2,372 pieds d'arbres et 46 hectares de vigne; enfin, le nombre d'hectares cultivés, en 1878, s'élève à 648.

L'agrandissement du village comprendra 25 nouveaux

feux réservés entièrement à des immigrants de la métropole, ce village ayant été peuplé, dans le principe, par des colons algériens, et 16 nouvelles concessions ayant été accordées récemment encore à des colons de cette catégorie.

Cet agrandissement va permettre de doter ce village des édifices publics qui lui manquent et de mettre en bon état la conduite d'eau qui sert à son alimentation.

Les terres sont prises sur le douar-commune de Hammam-bou-Hadjar.

ARRONDISSEMENT DE MOSTAGANEM

—

L'arrondissement de Mostaganem compte 12 noûveaux centres créés depuis 1871 : Blad-Touaria (hameau), Sirat, Sahouria, Cassaigne, Bosquet, Ouillis, Renault, Saint-Aimé, Hamadena, El-Romri, Oued-Djemàa et les Silos, et deux agrandissements : Inkermann et Sourk-el-Mitou.

BLAD-TOUARIA (hameau)

Le hameau de Blad-Touaria, créé en 1876, dépend de la commune de plein exercice de même nom ; il est situé à 4 kilomètres nord-ouest du village de Blad-Touaria, auquel le relie un chemin construit dans ce but.

Son territoire, prélevé sur la forêt de Blad-Touaria, a une contenance de 506 hectares 75 ares 40 centiares, dont on a formé 13 lots agricoles et 3 lots industriels.

Sa population est de 21 habitants, possédant 15 têtes d'animaux et 12 instruments agricoles ; il y a été construit 6 maisons ; le nombre d'hectares cultivé s'élève à 47; il y a été planté 89 arbres et 2 hectares de vigne.

Par suite de sa situation particulière, ce petit hameau n'est susceptible d'aucun développement ultérieur.

Les divers travaux d'installation qui y ont été faits ont occasionné une dépense de 29,000 fr.

SIRAT

Le hameau de Sirat, créé en 1874, forme une section de la commune mixte de Mostaganem.

Il est situé à 20 kilomètres de Mostaganem, sur la route nationale d'Oran à Alger, entre Aboukir et Bouguirat; un chemin vicinal le relie au village de Blad-Touaria dont il n'est éloigné que de 4 kilomètres. — Son territoire occupe une superficie de 552 hectares 68 ares 5 centiares, divisés en 16 lots agricoles, 4 lots industriels et 1 lot supplémentaire.

Il comprend, en outre, 2 fermes qui existaient déjà sur ce point avant la création du village.

La population de Sirat est de 114 habitants, possédant 154 têtes de bestiaux et 32 instruments agricoles. Il y a été construit 24 maisons, planté 270 pieds d'arbres et 3 hectares de vigne, et cultivé 311 hectares.

Les travaux qui ont été exécutés pour l'installation du village ont occasionné une dépense de 23,500 fr. ; ils consistent en travaux de nivellements, empierrements et plantations, et en la construction d'un puits, d'un abreuvoir, et d'une petite école-chapelle.

Les frais d'expropriation ont atteint un chiffre de 32,735 fr. Les terres ont été prises sur le douar-commune des Oulad-bou-Abça.

Un projet pour l'agrandissement de ce centre est actuellement à l'étude.

SOURK-EL-MITOU (agrandissement)

L'agrandissement de Sourk-el-Mitou est compris au programme de 1879 ; ce centre, qui est constitué en commune de plein exercice, est situé à 24 kilomètres à l'est de Mostaganem, et à 4 kilomètres d'Aïn-Tédelès, sur la rive gauche du Chéliff ; les terres destinées à l'agrandissement seront prises sur la rive droite ; leur contenance est de 535 hectares environ, qui seront répartis en 4 lots de ferme de 40 hectares chacun, réservés à des immigrants de la métropole, et 20 lots de culture à attribuer aux jeunes ménages de Sourk-el-Mitou.

La population actuelle de Sourk-el-Mitou est de 401 habitants, possédant 1,199 têtes d'animaux, et 326 instruments agricoles ; le nombre des maisons construites est de 82 ; le chiffre des hectares cultivés est de 762 ; il y a été planté 14,950 arbres et 23 hectares de vigne.

Les travaux à faire en vue de cet agrandissement ne comprennent que la mise en état de viabilité d'un chemin conduisant du Pont-du-Chéliff aux terrains affectés à l'agrandissement, et pour lequel il a été alloué un crédit de 10,000 francs.

Des terrains domaniaux sis dans les douars-communes du Chelafa et des Oulad-Sidi-Brahim, seront donnés en compensation aux indigènes expropriés, qui appartiennent au douar-commune des Chelafa.

CASSAIGNE

Cassaigne, créé en 1873, est le chef-lieu de la commune mixte de ce nom.

Ce centre est situé à 50 kilomètres de Mostaganem, sur la route du Dahra qui, partant du Pont-du-Chéliff, ira aboutir à Inkermann, après avoir desservi Ouillis, Bosquet, Renault, ainsi que les centres qui sont encore projetés dans cette contrée. Cette voie de communication, qui sera la grande artère du Dahra, est ouverte dès à présent, d'une part, jusqu'à Cassaigne, et de l'autre, de

Renault à Inkermann ; elle se poursuit actuellement entre Cassaigne et Renault, qui sont séparés par une distance de 50 kilomètres, dans l'intervalle de laquelle sera créé un centre aussitôt que l'avancement des travaux de la route le permettra.

Le territoire de Cassaigne a une superficie de 1,238 hectares 60 ares, divisés en 50 lots agricoles ; mais, en présence du développement que ce centre a acquis en peu de temps par suite de l'installation des divers services que comporte l'organisation de cette circonscription administrative, il a fallu songer, pour répondre aux besoins d'extension qui se sont manifestés, à créer 18 lots nouveaux à bâtir, dont 4 réservés pour les services publics et 14 destinés à des industriels.

Sur les 50 familles admises au peuplement de Cassaigne, on compte 24 familles alsaciennes-lorraines qui paraissent devoir assez bien réussir, placées qu'elles sont dans une contrée plus appropriée à leur tempérament natif que celles où ont été installés d'autres immigrants de cette origine.

La population de Cassaigne est de 326 habitants, possédant 513 têtes de bestiaux et 174 instruments agricoles ; on a construit dans ce centre 53 maisons ; 3,258 arbres et 24 hectares de vigne ont été plantés, et 388 hectares ont été cultivés.

Les travaux effectués à Cassaigne ont coûté 68,000 fr.; ils consistent en nivellements, empierrements, plantations et travaux d'eau, lavoir et abreuvoir, et enfin en un réduit comprenant l'école, l'église, le presbytère et la gendarmerie.

Ce réduit est destiné, en cas de danger, à servir de refuge à la population, et chaque centre du Dahra a été doté d'un ouvrage semblable ; cette précaution était indispensable pour une contrée éloignée des points d'où pourraient être envoyés les secours, si l'éventualité s'en présentait.

La commune mixte, avec le concours de l'Etat, a fait

construire une mairie pour l'installation de l'administration municipale et un logement pour le médecin de colonisation.

Afin de répondre aux besoins provenant du développement de Cassaigne, un projet, dont le montant s'élève à 18,000 francs, a été établi dans le but d'y amener les eaux de Sidi-Haffif. Ce projet sera exécuté en 1879.

Les acquisitions de terre ont occasionné une dépense de 25,433 francs.

BOSQUET

Le centre de Bosquet, créé en 1873, forme une section de la commune mixte de Cassaigne.

Il est situé sur la route du Dahra, à 4 kilomètres après Ouillis et 11 kilomètres avant Cassaigne.

Son territoire a une contenance de 1,393 hectares 20 ares; il est divisé en 50 lots agricoles.

20 familles alsaciennes-lorraines, qui sont dans des conditions assez satisfaisantes, ont été installées à Bosquet.

Les terrains expropriés faisaient partie du douar-commune des Chouachi.

Sa population est de 226 habitants, possédant 322 têtes de bestiaux et 186 instruments agricoles. On a construit dans ce centre 50 maisons, planté 1,533 arbres et 22 hectares de vigne, et cultivé 391 hectares.

Bosquet réunirait toutes les conditions de prospérité désirables, si l'eau potable y était plus abondante en été. Après avoir vainement cherché à augmenter le débit de la source qui alimente actuellement le village, il a fallu se résoudre à construire un grand bassin-réservoir qui recevra, pendant l'hiver et le printemps, le trop plein de la source. L'alimentation du village pendant la saison des fortes chaleurs sera ainsi assurée d'une façon normale. Une autre petite source existant derrière le bordj a été également captée et des travaux ont été faits pour son aménagement. Enfin, en ce moment, un projet est à l'étude pour amener à Bosquet un litre d'eau par seconde qui sera fournie par la source d'Ouillis dont le débit est de 5 à 6 litres.

L'installation de ce centre a nécessité une dépense de 61,500 francs, appliquée à des travaux d'eau, de nivellements, empierrements, plantations et à la construction d'un lavoir et d'un abreuvoir, ainsi que d'un réduit comprenant école, église et presbytère.

Les indigènes ont reçu pour indemnités d'expropriation une somme de 28,070 francs ; en outre, 317 hectares de terrains domaniaux leur ont été cédés. Les terrains expropriés ont été pris également sur le douar-commune des Chouachi.

OUILLIS

Ouillis, créé en 1873, n'était qu'un hameau de six feux qui a été porté à 25 en 1878 ; il dépend de la commune mixte de Cassaigne et se trouve situé à 800 mètres au nord de la route du Dahra et à 3 kilomètres à l'ouest de Bosquet.

Son territoire actuel a une superficie de 1,160 hectares 50 ares. Sa population est de 33 habitants, possédant 21 têtes de bestiaux et 14 instruments agricoles. Il y a été construit 7 maisons et un moulin à eau qui rend d'importants services à cette contrée. Il y a été planté 325 arbres et 6 hectares de vigne, et cultivé 75 hectares.

L'agrandissement de ce centre a permis de le doter d'un réduit comprenant une école-chapelle et le logement de l'instituteur, qui, avec les travaux d'empierrements, nivellements, aménagement des eaux et chemin d'accès ont donné lieu à une dépense totale de 35,000 fr. Le chiffre des expropriations a été de 18,600 fr.

Les terrains ont été expropriés sur les douars-communes des Chouachi et Oulad-bou-Kamel.

RENAULT

Le centre de Renault, créé en 1874, forme une section de la commune mixte de Cassaigne.

Il est situé à l'extrémité orientale du Dahra, à 40 kilomètres de Cassaigne, sur la route qui mène à Inkermann, dont il est éloigné de 30 kilomètres.

Son territoire, qui est divisé en 80 lots agricoles, et 20 lots industriels, a une contenance de 2,754 hectares 79 ares 75 centiares

La population de ce centre, sur lequel on a installé 16 familles d'origine alsacienne-lorraine, s'élève à 360 habitants qui ont construit 87 maisons, planté 11,471 arbres et 19 hectares de vignes, cultivé 1,472 hectares, et qui possèdent 491 têtes de bétail et 139 instruments agricoles.

En raison de l'importance de ce centre, qui est appelé à prendre un développement considérable au fur et à mesure que la colonisation pénètrera davantage dans le massif du Dahra et à cause de son éloignement de Cassaigne, chef-lieu de la commune-mixte dont il dépend, l'Administration supérieure a placé à Renault un administrateur-adjoint.

A 4 kilomètres plus à l'Est, se trouve la petite ville arabe de Mazouna, qui offre des ressources dont notre industrie et notre commerce sauront sans doute bientôt tirer parti.

Sans compter la route du Dahra dont l'achèvement se poursuit, ainsi qu'il a été dit plus haut, et du pont sur le Chéliff dont la construction va être bientôt terminée, l'État a dépensé, en travaux, à Renault, la somme de 111,500 francs et celle de 122,355 francs pour indemnités d'expropriation. Il a, en outre, cédé aux indigènes 831 hectares de terrains domaniaux.

Les terrains exoropriés appartiennent au douar-commune de Casbah.

Les travaux exécutés consistent en un vaste réduit comprenant l'église, les écoles, le presbytère et la gen-

darmerie, en empierrements, nivellements, plantations
et aménagement des eaux; enfin, en la construction
d'un lavoir et d'un abreuvoir.

En outre, la commune mixte, avec le concours de
l'État, a fait construire une mairie pour l'installation de
l'administrateur-adjoint et un logement pour le médecin
de colonisation.

INKERMANN (agrandissement)

Le centre d'Inkermann, créé en 1870, a été augmenté
de 12 feux en 1877, et recevra, en 1879, 27 nouveaux feux.

Son territoire actuel a une contenance de 4,176 hectares. Sa population est de 253 habitants, possédant
1,043 têtes de bestiaux et 165 instruments agricoles; le
nombre de maisons construites est de 67; il y a été
planté 4,489 arbres et 5 hectares de vignes; le chiffre
des cultures s'élève à 845 hectares.

Le centre d'Inkermann, par sa situation sur le chemin
de fer d'Oran à Alger, desservant d'un côté Renault et
toute la partie orientale du Dahra, de l'autre Ammi-
Moussa et la vallée du Riou, est appelé à un développement d'une certaine importance.

Le barrage du Riou, actuellement en cours d'exécution, permettra d'irriguer son territoire, et contribuera
à la prospérité de ce centre.

SAINT-AIMÉ

Le centre de Saint-Aimé a été créé en 1872, il forme
une section de la commune mixte d'Inkermann. Placé
sur le chemin de fer d'Oran à Alger, au 159e kilomètre
en partant d'Oran, à 6 kilomètres après Hamadena et
9 avant Inkermann; il est, en outre, traversé par la route
nationale d'Oran à Alger.

Son territoire a une contenance de 2,442 hectares 68

ares 66 centiares, divisés en 67 lots de village et 10 lots de ferme.

Ce centre, qui va être augmenté de 30 feux, comprend déjà, aujourd'hui, une population de 303 habitants, possédant 901 têtes de bestiaux et 236 instruments agricoles ; 81 maisons ont été construites, 2,205 arbres et 11 hectares de vigne ont été plantés, et 1,022 hectares sont en pleine culture.

Un barrage-réservoir, pouvant contenir 3,500,000 mètres cubes d'eau, a été construit sur la Djeddiouia et servira à l'irrigation d'une surface de 3,400 hectares environ. La construction de cet important ouvrage a donné lieu à une dépense totale de 544,000 fr., dont 175,000 fr. pour les travaux de canalisation.

De nombreuses plantations faites par l'État, la commune mixte et le chemin de fer donnent à ce village un très-bel aspect.

En dehors de la construction du barrage, l'Etat a dépensé une somme de 59,000 fr. pour les autres travaux qui ont été exécutés dans ce centre : église, écoles, presbytère, nivellements, empierrements, plantations, puits, lavoir et abreuvoir.

D'autre part, l'expropriation des terres a donné lieu à une dépense de 73,519 fr.

Les terres expropriées ont été prises sur les Oulad-el-Abbès.

HAMADENA

Ce centre, créé en 1876, forme une autre section de la commune mixte d'Inkermann.

Il est situé sur la route nationale d'Oran à Alger, à 6 kilomètres à l'ouest de Saint-Aimé, à 1,200 mètres d'un passage à niveau du chemin de fer, où pourra s'établir plus tard un arrêt.

Son territoire a une contenance de 830 hectares 18 ares, divisés en 20 lots agricoles et 12 lots industriels.

Sa population est de 65 habitants possédant 158 têtes d'animaux et 42 instruments agricoles ; il y a été construit 11 maisons, planté 875 arbres et 2 hectares de vigne, et cultivé 136 hectares.

Les travaux effectués pour l'installation de ce centre ont donné lieu à une dépense de 60,000 fr. ; ils comprennent une école-chapelle, des nivellements, empierrements et plantations, un puits, un bassin-filtre, un lavoir, un abreuvoir et enfin un canal qui amène de Saint-Aimé à Hamadena les eaux provenant du barrage de la Djeddiouia et qui sert à l'alimentation du village et à l'irrigation de ses jardins.

La commune mixte a contribué de son côté aux travaux de plantations, tant pour les massifs qui entourent le village que pour la création d'un petit bois communal.

Les indemnités d'expropriation ont donné lieu à une dépense de 11,741 francs ; en outre, 108 hectares ont été cédés aux indigènes en échange des terres dont ils ont été dépossédés. Une partie des terrains appartenait à l'État ; le restant a été exproprié sur le douar-commune de Hamadena.

EL-ROMRI

Ce centre, créé en 1876, forme une section de la commune mixte de Relizane.

Il est situé à 40 kilomètres de cette localité, près du puits et de l'ancien caravansérail d'El-Romri, entre Bouguirat et l'arrêt de l'Oued-Malah, à 8 kilomètres du premier et à 4 du second. Il est desservi par le chemin de grande communication de Perrégaux à Bouguirat.

Son territoire, qui a une contenance de 1,309 hectares 42 ares, est divisé en 30 lots agricoles et 18 lots industriels.

Sa population est de 90 habitants, possédant 307 têtes d'animaux et 32 instruments agricoles. Le nombre des maisons construites est de 24 ; les cultures comprennent 248 hectares ; 350 pieds d'arbres et 2 hectares de vigne ont été plantés.

Les travaux faits pour l'installation de ce village consistent en nivellements, empierrements, plantations, puits, lavoir, abreuvoir, école-chapelle et chemin, ouvrages qui ont donné lieu à une dépense de 82,000 fr.

De plus, un projet s'élevant à 20,000 francs a été établi et va être exécuté en 1879, pour amener à El-Romri les sources dont l'écoulement, inutilisé jusqu'à ce jour, formait les marais de Bouguirat. Ces travaux auront comme conséquence d'assainir la contrée et, en outre, de procurer au village d'El-Romri de l'eau courante pour son alimentation et pour l'irrigation de ses jardins.

L'expropriation des indigènes a nécessité une dépense de 59,000 francs environ. Les terres ont été prises sur le douar-commune d'El-Romri.

OUED-DJEMAA

Ce centre, créé en 1877, forme une autre section de la commune mixte de Relizane.

Il est situé sur la route nationale d'Alger à Oran, à 14 kilomètres de Relizane et à 2 kilomètres de la station des Salines.

Son territoire a une contenance de 1,097 hectares 54 ares 90 centiares ; sa population est de 45 habitants, possédant 150 têtes d'animaux et 13 instruments agricoles ; il y a été construit 10 maisons, planté 1 hectare de vigne, et cultivé 182 hectares.

Les travaux pour l'installation de ce centre ont donné lieu à une dépense de 70,000 francs ; ils comprennent la construction d'une école-chapelle, d'une conduite d'eau, d'un lavoir et d'un abreuvoir, des nivellements, empierrements et plantations. Il resterait à faire un barrage sur l'oued Djemâa pour dériver les eaux d'hiver ; cet ouvrage, dont la dépense est assez élevée, ne pourra être entrepris que lorsque le village aura été entièrement peuplé, et que les habitants seront en état de se constituer en syndicat pour contribuer en partie à l'exécution des travaux et en assurer ensuite l'entretien.

Par suite de certains travaux exécutés à l'usage des indigènes, ceux-ci ont abandonné gratuitement à l'Etat les terrains pris, sur le douar-commune de l'Oued-Djemaa, pour la constitution de ce centre.

LES SILOS

Le centre des Silos a été créé en 1878, il est situé sur la route nationale d'Oran à Alger, à 8 kilomètres Est de l'Hillil et à 11 kilomètres Ouest de Relizane; à 400 mètres du chemin de fer qui doit y établir un arrêt. Il dépend de la commune mixte de Relizane, dont il est appelé à former une nouvelle section.

Ce centre est actuellement en voie de peuplement; il comprenait au 31 décembre 1878, 15 familles formant ensemble une population de 54 âmes.

Les travaux en cours d'exécution pour l'installation du village s'élèvent à 37,500 francs; ils s'appliquent à des nivellements, empierrements et plantations, à la construction d'un puits, d'un lavoir, d'un abreuvoir, d'une école-chapelle et de canaux pour l'irrigation des jardins.

Le centre des Silos est placé sur un point excentrique de son territoire, commandé par diverses considérations, parmi lesquelles figure; en première ligne, la salubrité et ensuite le rapprochement du point où la Compagnie du chemin de fer d'Alger à Oran doit établir un arrêt. Enfin, la partie occidentale du territoire de Relizane se détachera un jour de cette commune pour former avec le territoire des Silos une nouvelle commune dont ce village sera alors le centre et deviendra le chef-lieu.

La dépense pour l'expropriation des terres s'élèvera à la somme de 28,000 francs environ. En outre, 500 hectares de terres domaniales seront données en compensation aux indigènes.

Les terres sont prises sur les douars-communes de Tahamda et de Hassasna.

ARRONDISSEMENT DE MASCARA

Cet arrondissement comprend dix centres qui ont été créés ou agrandis depuis 1871 : Froha, Palikao, Maoussa, Oued-Taria, Franchetti, Aïn-Fékan, Thiersville, Aïn-Farès, Matemore et Thizy.

FROHA

Le centre de Froha a été créé en 1874; il forme une section de la commune mixte de Mascara. Il est situé dans la plaine d'Ighriss, à 10 kilomètres de Mascara, sur la route de Saïda, dont il forme la première étape.

Son territoire a une contenance de 1,026 hectares 8 ares 50 centiares, divisés en 28 lots agricoles et 4 lots industriels.

Sa population est de 90 habitants, possédant 1,053 têtes de bestiaux et 81 instruments agricoles; il y a été construit 25 maisons, planté 541 arbres et 8 hectares de vigne, et cultivé 273 hectares.

Ce centre a été éprouvé, dans les débuts, par les fièvres qui ont sévi assez fortement.

Un barrage a été construit, en 1878, sur l'Oued-Froha, ce qui permettra à ce centre d'irriguer une partie de ses terres, ainsi qu'à celui de Thiersville, qui est en voie de peuplement.

Ce travail aura, en outre, pour effet, d'assainir le village, dont l'insalubrité provenait principalement des flaques d'eau qui se formaient dans le lit de la rivière.

Les autres travaux effectués, pour l'installation du village de Froha, consistent en plantations, puits avec pompe, nivellements, empierrements, lavoir, abreuvoir et école-chapelle, qui ont donné lieu à une dépense de 76,000 francs.

Les indemnités d'expropriation se sont élevées à 15,500 francs, et 43 hectares de terrains ont été cédés en échange.

Les terres ont été prises sur le douar-commune de Froha.

PALIKAO (agrandissement)

Créé en 1870 et agrandi en 1874, le centre de Palikao forme une section de la commune mixte de Mascara.

Il est situé, comme le précédent, dans la plaine d'Ighriss, mais sur la route de Tiaret, à 19 kilomètres de Mascara.

Son territoire a une contenance totale de 1,826 hectares 89 ares 50 centiares, sur lesquels 712 hectares 93 ares 10 centiares, représentent celle dont il a été agrandi.

La population de Palikao est de 207 habitants, possédant 470 têtes de bestiaux et 116 instruments agricoles. On a construit dans ce centre 43 maisons et 1 moulin, planté 6,086 arbres et 14 hectares de vignes, cultivé 413 hectares.

Le centre de Palikao végétait à ses débuts; mais,

depuis son agrandissement, il a pris une vitalité qui s'affirme de plus en plus chaque jour et assure sa prospérité.

Il a été dépensé 20,000 francs pour les acquisitions de terres et 43,000 francs pour les divers travaux qui ont été effectués pour achever l'installation du village : canaux d'irrigation, empierrements, nivellements, plantations, école et presbytère.

Les terrains expropriés ont été pris sur le douar-commune de Ternifine.

MAOUSSA

Le centre de Maoussa, créé en 1876, est aussi une section de la commune mixte de Mascara.

Il est situé, comme Froha et Palikao, dans la plaine d'Ighriss, sur la route de Frendah, à 12 kilomètres de Mascara.

Son territoire a une contenance de 1,173 hectares 65 ares 50 centiares, divisés en 25 lots agricoles et 23 lots industriels.

Sa population est de 85 habitants, possédant 108 têtes de bestiaux et 28 instruments agricoles; il y a été construit 16 maisons, planté 125 arbres, 4 hectares de vigne et cultivé 293 hectares.

A proximité de Mascara, avec des communications faciles, Maoussa réunit toutes les conditions de réussite que l'on puisse désirer : eau de puits de bonne qualité et à peu de profondeur, et terres excellentes. Il est également alimenté par les eaux des sources de Haouia, qui servent en même temps à l'irrigation de ses jardins.

Les travaux faits pour l'aménagement des sources dont il vient d'être parlé, et leur conduite jusqu'à Maoussa, ont nécessité une dépense de 26,500 francs. L'État a, en outre, dépensé, pour l'installation de ce village, 26,200 francs, consacrés à la construction d'une école-chapelle, à des empierrements, nivellements, plantations et à un puits avec pompe.

Les indemnités d'expropriation se sont élevées, d'autre part, à 70,750 francs.

Les terres ont été prises sur le douar-commune de Maoussa.

OUED-TARIA

L'Oued-Taria, qui a été créé en 1872, était le chef-lieu d'une commune mixte, comprenant les sections de Franchetti et d'Aïn-Fékan. Cette commune a été supprimée pour être annexée à celle de Mascara, dont l'Oued-Taria forme, aujourd'hui, simplement une section.

Ce centre est situé à 32 kilomètres de Mascara, sur la route de Saïda, entre Froha et Franchetti.

Son territoire a une contenance de 670 hectares, qui a été divisé en 22 lots agricoles; 12 sont occupés par des Alsaciens-Lorrains dont la situation est relativement bonne.

La population de l'Oued-Taria est de 323 habitants, possédant 203 têtes de bestiaux et 44 instruments agricoles; le nombre des maisons construites s'élève à 44; il y a été planté 188 arbres, 1 hectare de vigne et cultivé 223 hectares.

Le commerce de l'alfa qui se fait sur ce point a donné à l'Oued-Taria une certaine importance qui ne pourra que s'accroître avec la mise en exploitation du chemin de fer d'Arzew à Saïda. Il a déjà fallu, pour répondre à cette extension, augmenter le nombre des lots à bâtir, dont plusieurs ont déjà été attribués à des industriels.

Ce centre n'a pas de communal; un projet ayant pour but de combler cette lacune a été soumis à M. le Gouverneur général.

Il a été dépensé pour le centre de l'Oued-Taria 22,000 fr. en acquisition de terres et 90,250 fr. en travaux divers :

nivellements, empierrements, plantations, canal d'irrigation, puits avec noria, lavoir, abreuvoir, école-chap-
pelle, presbytère et maisons pour les Alsaciens-Lorrains.

Les terrains acquis appartenaient aux douars-communes de Guerdjoum, Souk-Barbata et Benian.

FRANCHETTI

Ce centre, créé en 1873, forme aujourd'hui une section
de la commune mixte de Mascara, par suite de la sup-
pression de celle de l'Oued-Taria.

Il est situé à 46 kilomètres de Mascara, sur la route
de Saïda, à 14 kilomètres après Taria et à 27 avant
Saïda. Il possède une station de la voie ferrée d'Arzew à
Saïda qui va être prochainement livrée à la circulation.

Son territoire a une contenance de 831 hectares 67 ares
60 centiares, qui a été divisée en 30 lots agricoles; sur
les 30 familles installées dans ce centre, 12 sont d'origine alsacienne-lorraine.

Sa population est de 212 habitants, possédant 420 têtes
de bestiaux et 45 instruments agricoles; il y a été construit 34 maisons, planté 470 arbres et 11 hectares de
vigne, et cultivé 200 hectares.

Le centre de Franchetti a été assez éprouvé par les
maladies et les mauvaises récoltes; ses habitants ont
heureusement pu trouver quelques ressources dans le
commerce de l'alfa et dans les travaux du chemin de fer
d'Arzew à Saïda.

L'achèvement du canal d'Aïssa-Mano, qui assure l'irrigation des terres et la mise en exploitation du chemin
de fer, donnera prochainement à ce centre tout le développement dont il est susceptible.

Le chiffre des indemnités d'expropriation a été de
36,330 fr., et celui des dépenses faites pour l'installation
du centre, de 107,000 f., qui ont été employés aux travaux
suivants: nivellements, plantations, école-chapelle et
canal d'Aïssa-Mano.

Les terrains expropriés ont été pris sur le douar-commune de Souk-Barbata.

AIN-FÉKAN

Le centre d'Aïn-Fékan a été créé en 1872 ; il forme aujourd'hui, comme celui de Franchetti, une section de la commune mixte de Mascara.

Il est situé sur le chemin de grande communication de Tlemcen à Mascara, à 20 kilomètres Ouest de cette dernière ville, et à 24 Est de Mercier-Lacombe.

Son territoire a une contenance de 2,138 hectares 39 ares 30 centiares, divisés en 57 lots agricoles et 23 lots industriels.

La population d'Aïn-Fékan est de 276 habitants, possédant 559 têtes de bestiaux et 74 instruments agricoles ; il y a été construit 52 maisons, 2 moulins à eau, planté 12,280 arbres et 5 hectares de vignes, cultivé 205 hectares.

Le centre d'Aïn-Fékan a été peuplé, en grande partie, d'Alsaciens-Lorrains ; 34 familles de cette origine y ont été installées, mais elles ont moins bien réussi que sur d'autres points. Il faut dire quelles ont été fortement éprouvées tant par les maladies que par de mauvaises récoltes successives. Aussi, malgré tous les secours qui leur ont été prodigués, plusieurs ont quitté le pays.

L'insalubrité de ce centre était due en partie, ainsi que l'a reconnu une Commission instituée en vue d'étudier cette question, aux conditions défectueuses dans lesquelles s'opérait son alimentation.

A la suite des propositions de cette Commission, un projet, s'élevant à 20,000 fr., a été établi pour amener à Aïn-Fékan, au moyen d'une conduite fermée, les eaux prises à leur source même. Cet ouvrage est actuellement achevé. Il en résultera certainement une amélioration sensible à ce point de vue; mais l'assàinissement complet de ce territoire ne s'obtiendra que par la mise en culture des terres et par le soin qu'apporteront l'Administration comme les particuliers à y multiplier les plantations.

Le chemin de fer d'Arzew à Saïda, qui passera à 6 kilomètres Est, au point où est placée la gare de Thizy, donnera à ce centre une facilité plus grande pour l'écoulement de ses produits et contribuera à favoriser son essor. Il en est de même de l'achèvement de la route de Mascara à Bel-Abbès, qui, en facilitant les relations entre ces deux villes, rendra beaucoup plus fréquentée cette voie de communication, sur laquelle se trouve placé le village.

Il a été dépensé pour le centre d'Aïn-Fékan 66,000 fr. en frais d'expropriation et 152,800 fr. en travaux divers : nivellements, empierrements, plantations, barrage, passerelle, canaux, lavoir, abreuvoir, école, église et presbytère.

Les terrains expropriés ont été pris sur le douar-commune des Metchatchil.

THIERSVILLE (Haut-Froha)

Ce centre, qui fait partie de la commune mixte de Mascara, a été créé en 1878, sous le nom de Haut-Froha; il a reçu depuis celui de Thiersville en hommage à l'homme illustre dont il servira à perpétuer le souvenir.

Il est situé dans la plaine d'Ighriss, à 18 kilomètres de Mascara, à 6 kilomètres de la route de Saïda et à 800 mètres du chemin de fer d'Arzew à Saïda.

Son territoire, qui a une superficie de 2,017 hectares 22 ares 20 centiares, a été divisé en 60 lots de village et 20 lots réservés à des industriels ou pour des besoins ultérieurs.

Ce centre doit devenir prochainement le siége de la commune mixte actuelle de Mascara.

Les travaux effectués, pour l'installation de ce centre, s'élèvent à 120,000 fr., comprenant : chemin d'accès, nivellements, empierrements, plantations, puits, canaux d'irrigation, filtre, lavoir, abreuvoir, école-chapelle et mairie.

Les dépenses d'expropriation s'élèveront à la somme de 115,000 fr. environ.

Les terres ont été prises sur les douars-communes de Sidi-ben-Moussa et Guerdjoum.

Au 31 décembre, le nombre des familles installées était de 27, représentant 67 personnes.

AIN-FARÈS

Ce centre, créé en 1878, fait partie de la commune mixte de Mascara. Il est situé sur la route de Relizane au Maroc, à 14 kilomètres Est de Mascara. Le village est bâti sur un plateau qui domine la belle plaine d'Ighriss, et d'où la vue s'étend au Nord jusqu'à la mer et au port d'Arzew. Les terrains sont, comme ceux de la banlieue de Mascara, des plus favorables à la culture de la vigne. Le village est alimenté par des puits qui donnent de l'eau excellente à peu de profondeur. Une source, située à deux ou trois cents mètres du village, sert à l'irrigation des jardins et à l'alimentation des bestiaux.

Au 31 décembre, le nombre des familles installées était de 71, représentant 27 personnes.

Outre les travaux exécutés pour mettre en bon état de viabilité le chemin depuis Mascara jusqu'à Aïn-Farès, l'État a dépensé une somme de 39,000 fr. pour les travaux d'installation comprenant: nivellements, empierrements, plantations, puits avec noria, école, chapelle, lavoir et abreuvoir.

Le montant des expropriations s'élèvera à la somme de 40,000 fr., à laquelle il faut ajouter 203 hectares de terres domaniales, sises à l'Oued-Malah et abandonnées en compensation aux indigènes du douar-commune de Hadjadja, dont les terres ont été prises.

MATEMORE

Ce centre figure au programme de 1879; il est compris dans la commune mixte de Mascara et se trouve situé dans la plaine d'Ighriss, à 12 kilomètres Sud-Est de Mascara, entre Maoussa et Froha.

Son territoire aura une superficie de 1,300 hectares, qui servira à former 32 lots de village et 30 lots réservés à des industriels ou pour des besoins à venir. Les terres sont de bonne qualité, presque entièrement défrichées, propres à la culture de la vigne et des céréales. Le village sera alimenté par des eaux de puits, bonnes, abondantes, et à peu de profondeur. Les colons de ce village trouveront un débouché facile de leurs produits sur la place de Mascara.

Les travaux, adjugés pour l'installation du village, s'élèvent à 110,000 fr. et comprennent, outre le chemin d'accès, des nivellements, empierrements, plantations, la construction d'un puits avec noria, d'un lavoir, d'un abreuvoir et d'une école-chapelle.

Le montant des expropriations s'élèvera à la somme de 80,000 fr.

Les terres sont prises sur trois douars-communes : Aïn-Defla, Zellaga et Maoussa.

THIZY

Ce centre figure également au programme de 1879; il est situé, comme le précédent, dans la plaine d'Ighriss, à 10 kilomètres Ouest de Mascara, sur la route de Relizane au Maroc, à la gare de Thizy. Les terres sont presque entièrement défrichées et très-propres à la culture de la vigne et des céréales. Par sa situation, ce centre sera à la fois agricole et commercial. Il existe déjà sur ce point et aux environs un certain nombre de propriétés appartenant à des Européens.

Son territoire aura une contenance de 1,850 hectares, qui sera divisée en 30 lots de village, 3 lots de fermes et 30 lots réservés à des industriels ou pour des besoins ultérieurs.

Les travaux projetés par la création de ce centre s'élèvent à la somme de 85,000 fr., comprenant des nivellements, empierrements, plantations, construction d'un puits avec noria, d'un lavoir, d'un abreuvoir et d'une école-chapelle.

Plus tard, si ce centre prend le développement que comporte sa situation, on pourra y amener une partie des eaux de la source de Thizy, au moyen d'une machine élévatoire et d'une conduite qui aura 3 kilomètres de parcours.

Le montant des expropriations s'élèvera à la somme approximative de 71,000 fr.

Les terres à exproprier seront prises sur les douars-communes de Froha et Gueïthna.

ARRONDISSEMENT DE SIDI-BEL-ABBÈS

—

L'arrondissement de Sidi-bel-Abbès a vu créer ou agrandir, dans ces dernières années, sept centres : Zarouéla, Mercier-Lacombe, Lamtar, Aïn-el-Hadjar, Tiffilès, Sidi-Lhassen et l'Oued-Imbert.

ZAROUÉLA

Le centre de Zarouéla, créé en 1872, forme une des sections de la commune mixte de la Mékerra.

Il est situé à 15 kilomètres de Sidi-bel-Abbès et à 5 kilomètres de Sidi-Brahim, dont il est séparé par la Mékerra. Ces deux centres sont reliés par un chemin vicinal qui ira rejoindre plus tard le village du Keçar, actuellement en voie de création, près de la route de Bel-Abbès à Mascara.

Son territoire a une contenance de 1,685 hectares 80 ares, sur lesquels 78 hectares 55 ares constituent des propriétés privées; le surplus, qui appartenait à l'État, a été divisé, dans le principe, par les soins de l'administration militaire, en 45 lots de ferme attribués totalement à des colons du pays.

A peine installés sur leurs lots, ces colons demandèrent à être groupés en village sur un point qu'ils désignèrent eux-mêmes au géomètre envoyé sur les lieux pour étudier cette question et présenter un projet.—Le village fut établi sur un plateau bien aéré et bien situé; sur les 45 concessionnaires, 36 reçurent des lots à bâtir et de petite culture; les autres, appartenant au village de Sidi-Brahim, furent autorisés à résider dans cette localité. C'est dans ces conditions que l'Administration civile reçut le centre de Zarouéla.

La première demande, qui lui fut adressée par les colons, fut d'avoir de l'eau.

Des travaux furent immédiatement entrepris pour le creusement d'un puits; mais, après être arrivé à une profondeur considérable, il fallut les abandonner : aucune chance de trouver de l'eau n'existant sur ce point.

C'est alors que l'on a dû recourir au système qui procure actuellement de l'eau au village de Zarouéla. Une nappe abondante d'eau, de très-bonne qualité, existait à 2,500 mètres du village. Il a été creusé un puits sur ce point; une machine y a été installée pour élever les eaux à une altitude supérieure à celle du village; elles sont reçues là dans un bassin et amenées ensuite par une conduite fermée jusque dans un autre bassin-réservoir situé près du village.

L'exécution de cet ouvrage a donné satisfaction au désir des habitants de Zarouéla et a permis de doter le village d'un lavoir et d'un abreuvoir et d'y faire des plantations.

A l'aide de subventions accordées par l'État, la commune mixte a fait construire une école.

Ces divers travaux ont occasionné une dépense de 50,000 fr.

Il a été, en outre, construit un pont métallique sur la Mékerra pour assurer les relations entre Zarouéla et Sidi-Brahim; cet ouvrage a donné lieu à une dépense de 12,000 fr.

La population de Zarouéla est de 139 habitants, possédant 186 têtes de bestiaux et 119 instruments agricoles; il y a été construit 36 maisons, planté 70 arbres et cultivé 775 hectares.

En résumé, ce centre, placé dans une position des plus salubres, possédant des terres très-fertiles, ayant aujourd'hui son alimentation complètement assurée, offre aux colons qui y ont été installés toutes conditions de réussite désirables, et il ne pourra moins faire que de se développer rapidement.

MERCIER-LACOMBE

Le village de Mercier-Lacombe a été créé, en 1874, dans la tribu des Ouled-Sliman, au lieu dit Zfizef.

Situé à 38 kilomètres de Sidi-bel-Abbès, sur le chemin de Tlemcen à Mascara, il forme une section de la commune mixte de la Mékerra.

Nous croyons intéressant de rappeler dans quelles circonstances le nom de Mercier-Lacombe fut donné à ce centre.

Dans sa session de décembre 1874, le Conseil général émit le vœu suivant qui fut adopté à l'unanimité :

« Messieurs,

» Pour perpétuer la mémoire des soldats illustres qui ont conquis l'Algérie à la France, ainsi que des fonctionnaires habiles qui en ont assuré la possession, en organisant, au milieu d'innombrables difficultés, les services civils, garanties de la conquête et des droits des citoyens de toute origine, le gouvernement, depuis plusieurs années, a eu l'heureuse pensée de donner aux villages de récente création des noms tels que ceux de Bugeaud, Duperré, Damrémont, Valée, Lamoricière, Bosquet, Cassaigne, Renault, Guyotville.

» Je crois aller au-devant de vos désirs en vous proposant de prier le Gouverneur de doter l'un des centres projetés du nom populaire de l'un de nos plus regrettés directeurs généraux, M. Mercier-Lacombe.

» Je n'ai pas besoin de vous rappeler que c'est à cet ancien administrateur, puissamment aidé du général Lamoricière, que notre département doit ses quatre premiers et plus beaux villages : Fleurus, Misserghin, Valmy, Arcole.

» En quittant notre département pour occuper les positions les plus élevées dans l'administration algérienne et dans la métropole, M. Mercier-Lacombe n'a cessé d'honorer notre département de sa haute sollicitude.

» Proposer au Gouvernement d'inscrire son nom dans le catalogue des hommes éminents qui ont marqué le plus utilement leur passage dans la Colonie, c'est demander un acte de justice et la récompense d'incontestables services, en même temps qu'un encouragement à leurs successeurs dans la difficile mission qu'ils ont à remplir.

» Signé : Picat. »

Ce vœu fut pris en considération par le Gouvernement général qui invita le Conseil général à donner le nom de Mercier-Lacombe à l'un des deux villages récemment créés de Zfizef ou de Hammam-bou-Hadjar. L'Assemblée départementale, après avoir consulté M. le Préfet, proposa, dans sa séance du 24 avril 1875 (1), de donner ce nom au centre de Zfizef, et, le 1er juin suivant ce choix fut sanctionné par l'Autorité supérieure.

Le territoire de ce centre a une contenance de 2,319 hectares 68 ares, sur lesquels 177 hectares 29 ares 70 centiares sont des propriétés privées ; le restant a été divisé en 47 lots agricoles et 53 lots industriels. De très-belles sources alimentent le village et sont, en outre, utilisées à l'irrigation des jardins. Les terres sont généralement bonnes, quoique très-sablonneuses sur quelques points. Huit familles alsaciennes-lorraines ont été installées à Mercier-Lacombe.

La population de Mercier-Lacombe est de 231 habitants, possédant 150 têtes de bestiaux et 200 instruments agricoles ; il a été construit 63 maisons, planté 3,200 arbres et cultivé 884 hectares.

Ce centre a pris, en peu de temps, un développement considérable et deviendra certainement, dans un avenir

---

(1) *Extrait du procès-verbal des délibérations du Conseil général d'Oran, session d'avril 1875, séance du 24 avril, page 117.*

« M. le Président consulte le Conseil pour savoir auquel des » deux villages de Zfizef ou de Hammam-bou-Hadjar doit être » donné le nom de M. Mercier-Lacombe.

» M. Stuyck serait d'avis de donner le nom au nouveau centre » de Zfizef dont l'appellation est si rude à une langue européenne; » mais il voudrait que le Conseil, avant d'émettre un vœu sur ce » point, prît l'avis de M. le Préfet.

» M. Bézy partage l'avis de M. Stuyck et voudrait, comme lui, » qu'on prit l'avis de M. le Préfet sur cette question.

» M. le Président, d'accord avec M. le Préfet, propose de don- » ner le nom de M. Mercier-Lacombe au nouveau centre de » Zfizef.

» Cette proposition est adoptée. »

rapproché, un des centres les plus importants du département. Ce qui lui manquait le plus dans les débuts, c'était une bonne voie de communication avec Sidi-bel-Abbès d'un côté, et Mascara de l'autre. Grâce aux travaux faits sur la route de Tlemcen à Mascara, cet inconvénient tend à disparaître de plus en plus chaque jour.

En raison de l'importance de Mercier-Lacombe et de son éloignement de Sidi-bel-Abbès, siége de la commune mixte dont il dépend, un administrateur-adjoint y a été installé.

Une mairie y a été construite par les soins de la commune mixte.

L'État, outre l'aménagement des eaux, a fait construire une école, un lavoir et un abreuvoir, et exécuter des travaux de nivellements, empierrements, plantations et canaux d'irrigation des jardins. Le presbytère et l'église sont en construction.

Enfin le département, de son côté, fait construire une gendarmerie.

Les dépenses faites par l'État pour les travaux se sont élevées à 96,500 fr., et celles pour les indemnités d'expropriation à 10,830 fr. ; il a été cédé, en outre, aux indigènes, en compensation des terres qui leur ont été prises, 1,359 hectares prélevés sur les forêts de Guetharnia et de Bou-Yethas.

Les terres expropriées appartenaient aux indigènes du douar-commune de Zfizef.

LAMTAR

Le centre de Lamtar, créé en 1875, forme une section de la commune mixte de Bou-Khanéfis.

Il est situé, sur la route de Tlemcen à Mascara, à 26 kilomètres de Sidi-bel-Abbès, 10 de Bou-Khanéfis et 6 d'Aïn-el-Hadjar, auxquels il est relié par des chemins ruraux.

Son territoire a une contenance de 1,972 hectares 17

ares 36 centiares, comprenant plusieurs propriétés privées, 40 lots agricoles et 4 lots de ferme. Une part'e de ses terres est de très-bonne qualité, le restant est médiocre et couvert de broussailles. Il existe, au point où le village a été établi, une nappe d'eau abondante et très-bonne, à une profondeur variant de 10 à 15 mètres.

La population de Lamtar est de 184 habitants, possédant 246 têtes de bestiaux et 105 instruments agricoles; le nombre des maisons construites s'élève à 27; 316 arbres, 4 hectares de vigne ont été plantés, et 460 hectares ont été livrés à la culture.

Ce centre, par sa situation, est appelé à prendre une certaine importance.

Les divers travaux exécutés par l'État ont donné lieu à une dépense de 50,000 fr. Ils consistent en nivellements, empierrements, plantations, puits avec noria, lavoir, abreuvoir, école et église.

D'autre part, on a dépensé 31,000 fr. pour achat de terres, et les indigènes dépossédés tant pour la création de ce centre que pour le centre de Tiffilès, ont reçu une compensation territoriale de 1,075 hectares qui ont été acquis dans ce but par l'État au douar-commune de Tiffilès.

AIN-EL-HADJAR

Le centre d'Aïn-el-Hadjar a été créé, comme le précédent, en 1875, et forme également une section de la commune mixte de Bou-Khanéfis.

Il est situé sur le chemin de Sidi-bel-Abbès à la mer, à 22 kilomètres de Sidi-bel-Abbès, à 15 kilomètres de Sidi-Lhassen, à 12 kilomètres de Sidi-Khaled, à 6 kilomètres de Lamtar; le chemin qui passe à Aïn-el-Hadjar conduit à Arlal, centre nouveau, situé à 24 kilomètres plus loin, et de là à Aïn-Temouchent.

Son territoire, d'une contenance de 1,635 hectares 63 ares 30 centiares, a été divisé en 40 lots agricoles.

Les terres sont d'assez bonne qualité, mais complètement couvertes de broussailles. De belles sources alimentent le village et servent à l'irrigation des jardins. L'aménagement de ces sources a fait disparaître le petit marais que les eaux formaient en cet endroit faute d'écoulement. Pour assainir ce marais, des plantations y ont été faites et seront continuées jusqu'à ce qu'il soit entièrement complanté.

La population de ce centre comprend 122 habitants, possédant 76 bestiaux et 65 instruments agricoles; 24 maisons y ont été construites; il y a été planté 815 arbres et 2 hectares de vigne et cultivé 197 hectares.

Ce centre est desservi par un chemin qui conduit à Sidi-Lhassen, et sur lequel les travaux nécessaires ont été faits pour le rendre praticable sur tout son parcours. De plus, un autre chemin a été ouvert entre Lamtar et Aïn-el-Hadjar, ce qui met ce village à une distance de 6 kilomètres d'une bonne voie de communication. Enfin, le chemin de grande communication de Bel-Abbès à la mer, qui passe par Aïn-el-Hadjar et Arlal, est aujourd'hui ouvert sur toute la ligne et permet de se rendre en voiture de Bel-Abbès à Aïn-Témouchent.

Les travaux exécutés à Aïn-el-Hadjar comprennent, outre l'aménagement des sources et le desséchement du marais, la construction d'une école-chapelle, d'un lavoir et d'un abreuvoir; il y a été fait, de plus, des [travaux de nivellements, d'empierrements et de plantations. La dépense totale de ces ouvrages s'est élevée à 62,000 francs.

Une somme de 20,000 fr. a été, en outre, consacrée à l'acquisition des terres, qui ont été prélevées sur les douars-communes de Sidi-Yacoub et Sidi-Dahou.

TIFFILÈS

Ce centre, qui portait dans le principe, le nom de hameau de Sidi-Ali-ben-Youb, a été agrandi en 1875 et forme aujourd'hui une section de la commune mixte de Bou-Khanéfis.

Il est situé sur la route départementale de Sidi-bel-Abbès à Daya, à 2 kilomètres du village de Sidi-Ali-ben-Youb et à 10 kilomètres de Bou-Khanéfis.

Son territoire actuel est de 1,241 hectares 6 ares 40 centiares, sur lesquels 937 hectares 81 ares 90 centiares constituent l'agrandissement. Il a été formé, sur ce point, 25 nouveaux lots agricoles et 6 lots supplémentaires. Les terres, bien que presque totalement couvertes de broussailles, sont de qualité assez bonne. La Mékerra, qui traverse le territoire et passe à peu de distance du village, assure l'alimentation des habitants à laquelle contribue également un puits récemment terminé; un embranchement, fait sur un des canaux de Sidi-Ali-ben-Youb, donne l'eau d'irrigation pour les jardins.

La population de Tiffilès est de 96 habitants, possédant 75 têtes de bestiaux et 46 instruments agricoles; 12 maisons y ont été construites; il y a été planté 450 arbres, 2 hectares de vigne, et cultivé 223 hectares.

Ce village n'a commencé à se peupler sérieusement qu'en 1877; il a fallu attendre, avant de le livrer au peuplement, que certains travaux indispensables fussent terminés, entre autres le pont jeté sur la Mékerra et destiné à mettre Tiffilès en communication constante avec Sidi-Ali-ben-Youb. Cet ouvrage, en permettant aux habitants de Tiffilès de se réfugier promptement et facilement dans ce dernier village en cas de danger, assure sa sécurité; il facilite, en outre, l'exploitation de ses terres qui sont situées sur les deux rives de la Mékerra.

La nécessité d'y construire une école se fait aujourd'hui sentir, et cet ouvrage figurera parmi ceux à exécuter dans le courant de l'année prochaine.

Il a été dépensé 19,700 francs pour les divers travaux faits à Tiffilès : nivellements, empierrements, plantations, puits, pont et canal, et 10,700 francs pour l'acquisition des terres, en plus des terrains qui ont été cédés aux indigènes et dont il a été question dans l'exposé relatif à Lamtar.

SIDI-LHASSEN (agrandissement)

Le centre de Sidi-Lhassen forme une commune de plein exercice. Il a été créé en 1854 et agrandi en 1875.

Il est situé à 6 kilomètres de Sidi-bel-Abbès, sur le chemin de grande communication de Tlemcen à Mascara.

Le territoire actuel est de 3,586 hectares 16 ares 10 centiares, dans lequel l'agrandissement est compris pour 382 hectares 97 ares 20 centiares, qui ont servi à installer 15 nouvelles familles et à accorder 8 lots supplémentaires.

Sidi-Lhassen est un des villages les plus prospères, non-seulement de l'arrondissement de Sidi-bel-Abbès, mais encore du département. Son territoire est traversé par la Mékerra qui lui procure l'eau d'irrigation ; l'eau d'alimentation est fournie par des puits. Les terres sont de bonne qualité et elles sont toutes exploitées et mises en valeur avec intelligence par une population active et laborieuse.

La population actuelle est de 876 habitants, possédant 499 têtes de bestiaux et 353 instruments agricoles ; le nombre des maisons construites est de 141 ; le chiffre des hectares cultivés s'élève à 1,644. Il y a été planté 2,624 arbres et 37 hectares de vigne.

L'agrandissement de Sidi-Lhassen n'a occasionné à l'État qu'une dépense de 13,195 francs pour l'acquisition des terres prises sur le douar-commune de Tirenat, et de 7,000 francs pour l'exécution des travaux consistant en nivellements, canaux destinés à l'irrigation des nouveaux jardins, et pour l'allocation à la commune d'une subvention destinée à l'aider dans la construction d'un lavoir et d'une école.

EL-KEÇAR

Le centre d'El-Keçar, créé en 1877, dépend de la commune mixte de la Mékerra.

Il est situé à 20 kilomètres de Sidi-bel-Abbès et à 18 de Mercier-Lacombe ; un chemin vicinal de 4 kilomètres de parcours le relie à la route de Tlemcen à Mascara.

Son territoire, d'une contenance de 1,130 hectares 7 ares, a été divisé en 30 lots agricoles et 10 lots industriels.

La population de ce centre est de 82 habitants, possédant 104 animaux et 91 instruments agricoles. Neuf maisons y ont été construites ; il y a été planté 1 hectare de vigne et cultivé 335 hectares.

Le village est alimenté par des eaux de bonne qualité et les terres sont excellentes.

Les travaux exécutés par l'État, pour l'installation du village, ont donné lieu à une dépense de 60,000 francs, comprenant : nivellements, empierrements, plantations, chemins, aménagement des eaux, lavoir, abreuvoir et école-chapelle.

L'acquisition des terres expropriées sur les indigènes du douar-commune de Tiliouin donnera lieu à une dépense de 93,000 fr.

TABIA

Le centre de Tabia, créé en 1877, dépend de la commune mixte de Boukhanéfis.

Il est situé à 5 kilomètres de Boukhanéfis et à 16 kilomètres de Sidi-bel-Abbès, sur la route conduisant à Sidi-Ali-ben-Youb et Magenta.

Son territoire, d'une contenance de 1,194 hectares 40 ares, a été divisé en 30 lots agricoles et 14 lots industriels.

La population de ce centre est de 72 habitants, possédant 74 têtes de bestiaux et 33 instruments agricoles ; il y a été construit 16 maisons, planté 1 hectare de vigne et cultivé 126 hectares.

Les dépenses faites pour l'installation du village se sont élevées à 50,000 fr., comprenant : nivellements, empierrements, plantations, puits avec noria, lavoir, abreuvoir, canaux d'irrigation et école-chapelle.

Les terres ont été prises sur le douar-commune de Messer et ont donné lieu à une dépense de 49,646 fr.

OUED-IMBERT (agrandissement)

Ce centre, créé en 1862, a été agrandi en 1878; il est situé sur la route départementale d'Oran à Sidi-bel-Abbès et sur la ligne du chemin de fer, à 56 kilomètres d'Oran et 24 de Sidi-bel-Abbès.

Il comprenait 16 feux et a été augmenté de 14 dont 4 destinés à des industriels.

Les terres qui ont servi à cet agrandissement ont été prises sur des terrains domaniaux qui étaient réservés pour constituer le communal. La contenance de ces terrains étant de 489 hectares, 200 environ ont été pris pour former les nouveaux lots de culture, et le surplus, soit 289 hectares, sera concédé à la commune pour servir de communal. Il a fallu acquérir en outre, au prix de 1,500 francs, une parcelle de 12 hectares 50 ares sur laquelle ont été formés 10 lots de vigne.

La population de l'Oued-Imbert, avant l'agrandissement, était de 122 habitants, possédant 328 têtes de bestiaux et 79 instruments agricoles; le nombre de maisons construites était de 17, celui des hectares cultivés de 441, plus 2 hectares plantés en vigne.

L'agrandissement de ce centre a permis de le doter d'une école, et, en outre, d'y amener, pour son alimentation, les eaux de la source d'Aïn-Tebouda; l'ensemble de ces travaux a donné lieu à une dépense de 35,500 fr.

ARRONDISSEMENT DE TLEMCEN

—

L'arrondissement de Tlemcen ne compte que trois centres créés depuis 1871 : Tekbalet, Terny, Aïn-Fezza, et un en voie de création, Remchi.

TEKBALET

Le centre de Tekbalet, créé en 1873, forme une section de la commune mixte de Tlemcen.

Il est situé sur l'ancienne route de Tlemcen, à 1,800 mètres de la route actuelle, et à 43 kilomètres de Tlemcen.

Son territoire a une contenance de 1,330 hectares 98 ares 97 centiares, provenant presqu'en totalité de terrains domaniaux qui formaient 4 groupes : Aïn-Tekbalet, Aïn-Aoussera, Aïn-Taoussera et Aïn-Tabet. Il a été divisé en 12 lots agricoles et 10 lots de ferme.

Ainsi que l'indique du reste le nom des divers groupes qui le composent, il existe plusieurs sources sur le territoire de Tekbalet. Les terrains sont bons, mais très-accidentés.

Sa population est de 110 habitants, possédant 142 têtes de bestiaux et 70 instruments agricoles ; il y a été construit 24 maisons, planté 40 arbres et 30 hectares de vigne, cultivé 150 hectares.

Les dépenses faites pour l'installation du village ne s'élèvent qu'à 8,000 francs en aménagement des sources, empierrements, plantations, lavoir et abreuvoir. Une somme de 1,407 fr. a été consacrée à l'acquisition de quelques hectares dont l'expropriation a été nécessitée par la création de ce centre. Il a été, en outre, cédé aux indigènes 9 hectares de terrains domaniaux.

TERNY

Terny, créé en 1872, par les soins de l'Autorité militaire, n'est qu'un hameau formant une section de la commune mixte de Tlemcen.

Il est situé sur la route de Tlemcen à Sebdou, à 12 kilomètres de Tlemcen.

Son territoire, qui a une contenance de 395 hectares 50 ares 42 centiares, a été divisé en 14 lots agricoles, dont 4 ont été attribués à des Alsaciens-Lorrains. Une petite source alimente le village. Les terres y sont bonnes.

Sa population est de 44 habitants, possédant 77 têtes de bestiaux et 34 instruments agricoles ; il y a été construit 15 maisons, planté 233 arbres, et cultivé 177 hectares.

L'acquisition des terres n'a donné lieu qu'à une dépense de 2,400 fr. La plus grande partie appartenait déjà à l'État. Il y a été dépensé, en outre, 16,700 fr. pour divers travaux : aménagement des eaux, lavoir, abreuvoir, empierrements, nivellements et plantations.

AIN-FEZZA

Aïn-Fezza, créé en 1873, par l'Autorité militaire, n'est aussi qu'un simple hameau de 10 feux, formant une section de la commune mixte de Lamoricière et situé, sur la route de Tlemcen à Mascara, à 7 kilomètres de Tlemcen et à 25 de Lamoricière.

Son territoire a une contenance de 474 hectares 82 ares 94 centiares ; l'eau y est bonne, le pays sain et les terres de bonne qualité.

Sa population est de 69 habitants, possédant 171 têtes de bétail et 17 instruments agricoles ; 11 maisons ont été construites ; 810 arbres et 6 hectares de vigne ont été plantés, et 127 hectares ont été mis en culture.

Les dépenses pour l'expropriation des terres se sont élevées à 13,470 fr. ; l'aménagement des sources, l'installation d'une pompe, les plantations ont nécessité une dépense de 8,400 fr.

Les terres ont été prises sur le douar-commune d'Ouchba.

REMCHI

Le centre de Remchi, qui figure au programme de 1879, comprendra 60 lots agricoles et 20 lots industriels.

Il sera situé sur la route de Tlemcen à Rachgoun, à 28 kilomètres de Tlemcen et 16 kilomètres après Hennaya.

Le territoire de Remchi aura une contenance de 2,403 hectares, sur lesquels 300 environ appartiennent déjà à des Européens. Les terres à exproprier sont prises sur le douar-commune de la Tafna et donneront lieu à une dépense approximative de 66,000 fr.

Les travaux à exécuter sont évalués à 65,000 fr. et comprendront des nivellements, empierrements, plantations, école-chapelle, conduite d'eau, lavoir et abreuvoir.

Les terres, en partie défrichées, sont propres à la culture de la vigne et des céréales. L'eau d'alimentation sera fournie par la source d'Aïn-Karar.

ARRONDISSEMENT DE MOSTAGANEM

—

SAHOURIA

Le centre de Sahouria, créé en 1877, dépend de la commune mixte de Mostaganem, et a été omis dans la notice des centres de cet arrondissement.

Il est situé sur la ligne du chemin de fer d'Oran à Alger, à 82 kilomètres d'Oran et à 6 de Perrégaux.

Son territoire, d'une contenance de 1,894 hectares 83 ares 80 centiares, a été divisé en 50 lots agricoles et 10 lots industriels.

Les lots de jardin et de petite culture sont irrigués par un canal qui amène les eaux de Perrégaux à Sahouria ; le même canal fournit l'eau nécessaire à l'alimentation du village, laquelle est reçue dans un bassin-filtre avant d'être livrée à la consommation.

La population de Sahouria est de 95 habitants, possédant 273 têtes de bestiaux et 71 instruments agricoles ; il y a été construit 30 maisons, planté 9 hectares de vigne et cultivé 350 hectares.

Les dépenses faites pour l'installation du village se sont élevées à 105,000 francs et comprennent, outre le canal d'amenée des eaux dont il vient d'être parlé, des canaux d'irrigation, des nivellements, empierrements, plantations, un lavoir, un abreuvoir et une école-chapelle.

Les terres ont été expropriées sur les douars-communes de Sahouria et de Sefafa ; leur acquisition ne donnera lieu qu'à une dépense de 4,800 francs, attendu qu'à la suite de l'application de la loi sur la propriété dans ces deux douars-communes, l'État a repris possession de terres qui ont pu être données en compensation aux indigènes atteints par l'expropriation.

RÉSUMÉ

—

Depuis 1871, il a donc été créé ou agrandi, dans le département d'Oran, 46 centres représentant une superficie totale de 89,060 hectares, qui ont été répartis en 2,046 lots de village, 63 lots de ferme et 485 lots industriels ou réservés pour des besoins à venir.

Sur ces 46 centres créés ou agrandis, 10 sont encore en voie de peuplement ou de création. Pour les autres, au nombre de 36, la statistique, au 31 décembre 1878, donnait les chiffres suivants :

Population agricole	5,681
Bestiaux	11,565
Instruments agricoles	2,858
Constructions	1,130
Vignes (hectares)	281
Cultures de toutes sortes (hectares)	14,500

Au 31 décembre 1878, il avait été dépensé en travaux, pour la création ou l'agrandissement de ces centres, une somme de 2,768,750 fr., et, en acquisitions de terres, celle de 1,354,006.

Les centres à créer ou à agrandir, en 1879, donneront lieu, de leur côté, à une dépense de 357,000 fr., en travaux, et de 317,000 fr. en acquisitions de terres.

La dépense totale, y compris les centres en voie de création, s'élève donc à 4,796,756 fr., ce qui représente, en ne tenant compte que des lots agricoles et des lots de ferme, au nombre de 2,109, une moyenne de 2,274^f 12^c par feu.

Le tableau ci-après permet d'apprécier, d'un seul coup d'œil, la situation générale des centres sur lesquels viennent d'être données des notices descriptives, en même temps que la situation afférente à chacun d'eux.

DÉSIGNATION		DATE de la création	CONTENANCE totale du territoire
des communes dont dépendent les nouveaux centres	des centres		
Perrégaux............	Hameau de l'Habra.....	1873	124ʰ55ᵃ40
Aïn-Temouchent.	Chabat-el-Leham.......	1874	2.567 27 20
	Hammam-bou-Hadjar ..	1874	2.829 55 25
	Arlal	1876	1.939 87 »
Sᵗ-Denis-du-Sig .	Bou-Henni............	1875	1.616 42 12
	L'Ouggaz	1876	1.195 95 90
Saint-Lucien	Saint-Lucien..........	1876	2.240 87 »
Blad-Touaria........	Hameau de Blad-Touaria	1876	506 75 40
Mostaganem	Sirat................	1874	552 68 05
	Sahouria.............	1877	1.894 83 80
Cassaigne........	Cassaigne............	1873	1.238 60 »
	Bosquet.............	1873	1.293 20 »
	Ouillis	1873	259 36 »
	Renault.............	1874	2.744 79 95
Inkermann	Saint-Aimé...........	1872	2.442 68 66
	Hamadena	1876	830 18 »
	Inkermann (agrandᵗ)....	1877	692 17 10
Relizane	El-Romri	1876	1.319 42 »
	Oued-Djemâa	1877	1.097 54 90
Mascara.........	Oued-Taria	1872	670 » »
	Aïn-Fekan	1872	2.138 39 30
	Franchetti	1873	831 67 60
	Froha...............	1874	1.026 08 50
	Palikao (agrandᵗ)	1874	702 90 10
	Maoussa	1876	1.173 65 50
La Mekerra.....	Zarouéla	1872	1.685 80 »
	Mercier-Lacombe	1874	2.319 68 »
	El-Keçar.............	1877	1.130 07 »
Boukhanifis	Lamtar	1875	1.972 17 36
	Aïn-el-Hadjar	1875	1.635 63 20
	Tiffilès (agrandᵗ)........	1875	937 91 90
	Sidi-Lhassen (agrandᵗ...	1875	382 97 20
	Tabia...............	1877	1.194 40 »
Tlemcen	Terny	1872	395 50 42
	Tekbalet............	1873	1.330 98 97
Lamoricière.....	Aïn-Fezza	1873	474 82 94
TOTAUX..........			74.389 41 72

Commune mixte / Communes mixtes

NOMBRE DE LOTS			Population agricole	Bestiaux	Instruments agricoles	Constructions	Vignes — Hect.	Cultures de toutes sortes — Hectares	OBSERVATIONS
de village	indus-triels	de ferme							
8	6	»	114	1.402	89	29	3	675	
50	»	4	197	370	206	47	»	452	
52	12	6	257	289	153	58	»	390	
40	10	2	112	386	18	27	»	78	
53	»	»	290	107	79	46	14	740	
30	18	»	149	127	61	30	31	752	
30	32	1	253	486	90	47	26	874	
13	3	»	21	15	12	6	2	47	
17	4	»	114	154	32	24	3	311	
40	10	»	95	273	71	30	9	350	
50	14	»	326	513	174	53	24	388	
50	»	»	226	322	186	50	22	397	
6	»	»	35	21	14	7	6	75	
80	20	»	360	491	139	87	19	1.472	Dans cette statistique ne figurent pas les centres qui ont été créés ou agrandis en 1878, et dont le peuplement n'a commencé qu'au mois de septembre, ni ceux actuellement en voie de création ou d'agrandissement.
67	»	10	303	901	236	81	11	1.022	
20	12	»	65	158	42	11	2	136	
12	35	»	10	620	17	2	1	393	
30	18	»	90	307	32	24	2	248	
25	15	»	45	150	13	10	1	182	
22	»	»	323	203	44	44	1	223	
57	43	»	276	559	74	52	5	205	
30	»	»	212	420	45	34	11	200	
28	4	»	90	1.053	81	25	8	273	
16	»	»	207	470	115	43	11	413	
25	23	»	85	108	28	16	4	293	
38	»	9	139	186	119	36	»	775	
47	53	»	231	450	200	63	6	884	
30	10	»	82	104	91	9	1	335	
40	»	4	184	246	105	27	4	460	
40	»	»	122	76	65	24	2	197	
31	»	»	96	75	46	12	4	223	
23	»	»	277	59	27	10	11	457	
30	14	»	72	84	33	16	1	126	
14	»	»	44	77	34	15	»	177	
12	»	10	110	142	70	24	30	150	
10	»	»	69	161	17	11	6	127	
1.666	356	46	5.681	11.565	2.858	1.130	281	14.500	

SITUATION

au 31 décembre 1878

de l'application de la loi du 26 juillet 1873 dans le département d'Oran

Le sénatus-consulte du 22 avril 1863, appliqué à la totalité du territoire qui compose actuellement le département d'Oran, avait eu pour résultat de désagréger les tribus en les répartissant en douars-communes formés de telle façon qu'ils étaient susceptibles de devenir eux-mêmes, plus tard, des communes véritables qui devaient, à ce moment, être régies par le droit commun.

L'application de cette loi aux tribus avait eu encore pour conséquence de permettre la reconnaissance, jusque-là incertaine, des biens appartenant aux Domaines public, de l'État et de la commune. Dans les tribus où la terre était possédée à titre *Sabega,* les terrains qui avaient cette origine avaient été reconnus par masses et avaient reçu l'appellation de *collectifs de cultures.* Les terres *Melk,* c'est-à-dire possédées à titre privatif, avaient été reconnues de la même manière. Comme les précédentes, elles avaient été figurées sur des plans réguliers ou sur des croquis visuels, par groupes, mais on n'était jamais entré dans la détermination de ce qui pouvait revenir aux ayants-droit dans l'une ou l'autre de ces propriétés d'origine différente.

C'est cette dernière opération qui a été ordonnée par la loi du 26 juillet 1873, suivant des principes et dans des formes que cet acte public a détaillés d'une manière minutieuse.

C'est à partir du 1er janvier 1874, que commença l'application de cette loi. Quatre commissions furent nommées; elles se composaient chacune d'un commissaire enquêteur, président, d'un secrétaire interprète et d'un géomètre du service de la topographie.

Avant d'entreprendre les travaux, et conformément aux prescriptions de la loi, le Conseil général fut saisi de la question de savoir sur quels points ils devaient être exécutés.

Cette assemblée adopta à l'unanimité, sur la proposition de l'autorité préfectorale, l'ordre suivant dont on ne s'est écarté que dans des circonstances et pour des motifs exceptionnels :

1° Territoires arabes compris dans les communes de plein exercice;

2° Territoires arabes contigus aux communes de plein exercice;

3° Territoires sur lesquels on aurait projeté d'établir des centres de colonisation.

Comme on le voit, ces données étaient très-larges, et l'Administration en les proposant comme le Conseil général en les adoptant, n'avaient d'autre but que de faciliter les transactions là où la colonisation française existait et son établissement partout où elle était susceptible d'être répandue.

Nous allons énumérer rapidement les résultats obtenus :

1874

Les opérations des quatre commissions, instituées au début de l'application de la loi, portèrent sur *huit* douars-communes :

Atba-Djemmala (commune mixte de Saint-Denis-du-Sig);

Ferraguig, commune mixte de Mascara);

Dradeb (communes de plein exercice d'Aboukir, d'Aïn-Nouissy, Pélissier et Rivoli);

Hachem-Darough (communes de plein exercice de Mostaganem, Pélissier et Tounin);

Amarna (commune de plein exercice de Bel-Abbès);

Mehadid (commune mixte de Mekerra);

Bethioua (commune de plein exercice d'Arzew);

Hamyan-el-Malah (commune de plein exercice d'Arzew);

Dans ces huit douars, qui ont une superficie de 32,006 hectares, 3,900 propriétés, comprenant 19,500 hectares, furent reconnues.

1875

Dans le courant de cette année, trois nouvelles Commissions furent instituées; ce qui éleva leur nombre à sept.

C'est du 1er juillet 1875 que datent les premières instructions d'ensemble qui furent données à MM. les Commissaires enquêteurs pour les guider dans leurs travaux.

Rédigées au Gouvernement général à la suite de conférences auxquelles assistaient des personnes compétentes, ces instructions furent d'une utilité incontestable à MM. les Commissaires-enquêteurs qui avaient, du reste, acquis déjà par la pratique, une expérience dont la conséquence naturelle fut de rendre leurs appréciations plus sûres, et de donner à leurs opérations une impulsion plus vive.

Les travaux commencés furent poursuivis, et six nouveaux territoires ajoutés à ceux précédemment entrepris. Ce sont :

Oulad-Razy (commune mixte de Mekerra);

Atsamnia,   id.;

Bordjia (commune de plein exercice d'Aïn-Nouissy);

Sahouria (commune mixte de Mostaganem);

Tenia (commune mixte du Tlélat);

Beni-Fouzèche (commune mixte de Tlemcen).

Les opérations d'enquête s'étendirent alors sur 14 douars d'une superficie totale de 61,736 hectares, et le nombre d'hectares reconnus s'éleva à 54, 958.

1876

Dans le cours de cette année, plusieurs dossiers complets furent renvoyés par le Gouvernement général pour être mis en harmonie avec les instructions qui avaient paru le 1er juillet 1875.

Cette mesure, qui nécessita la rédaction à nouveau des procès-verbaux généraux dont plusieurs étaient très-volumineux, eut pour résultat de suspendre, pendant une assez longue période, les opérations entreprises sur le terrain.

Malgré ce contre-temps, cinq nouveaux douars furent entrepris :

Ouled-Hamdan (commune de plein exercice d'Aïn-Nouissy) ;

Sefafa (commune mixte de Mostaganem) ;

Cheurfa-Hammadia (communes de plein exercice d'Aïn-Tédelès et d'Aïn-Boudinar) ;

Oulad-bou-Kamel,   id.

Ghamra et Sidi-Bokhti (commune de plein exercice de Bou-Sfer).

Cette opération donna des résultats relativement satisfaisants: les voici cumulés avec les chiffres des années précédentes :

20 douars ou tribus, ayant une superficie totale de 96,761 hectares, sur lesquels 12,793 propriétés avaient été constatées ou constituées.

1877

Pendant cette année, 11 nouveaux douars ou tribus furent soumis à l'application de la loi du 26 juillet 1873 ; ce sont :

Krichtel (commune de plein exercice de Saint-Cloud);

Oulad-Riab (commune mixte de Mekerra);

Chelafa (communes mixte de Mostaganem et plein exercice de Sourk-el-Mitou) :

Oulad-Sidi-Youcef (communes mixte de Mostaganem et plein exercice de Sourk-el-Mitou);

Oulad-bou-Abça (communes mixte de Mostaganem et plein exercice de Blad-Thouaria);

Oulad-Malef (communes de plein exercice de Pélissier, Aboukir et Rivoli);

El-Alaïmia (commune mixte du Sig);

Ghoufirat El-Bahri et El-Guebli (communes de plein exercice de Sourk-el-Mitou et Blad-Thouaria);

Beni-Yahi (commune mixte de Mostaganem):

Messer (commune mixte de Bou-Kanéfis) :

Ténazet (commune mixte du Tlélat).

Ajoutés aux territoires rappelés plus haut, ces derniers en portaient le nombre à 31, ayant une contenance totale de 208,187 hectares, sur lesquels 172,852 hectares avaient été reconnus par les commissaires qui avaient procédé, sur cette superficie, à la constatation ou à la constitution de 23,578 propriétés, toutes délimitées par leurs soins, et d'une manière apparente, au moyen de bornes placées à tous les changements de direction des lignes.

1878

En 1878, les travaux ont été poursuivis avec activité. Vingt territoires nouveaux ont été entrepris. Ce sont :

Kedadra (communes mixte de Mostaganem et plein exercice de la Stidia et Aïn-Nouissy);

Oulad-Senouci (communes mixte de Mostaganem et plein exercice de la Stidia);

Ahl-el-Hassiane (commune mixte de Mostaganem):

.El-Hassaïnia,   id.

Oulad-Chafa,   id.

Ghoufirat-Sficifa (commune mixte de Mostaganem);
Ghoufirat-Oulad-Dani,   id.
Gueraïria (commune mixte de Relizane);
Guerbouça,   id.
Messabehia,   id.
Ghoualize,   id.
Kalàa,   id.
Tahamda,   id.
El-Ghomri.   id.
Hammam-bou-Hadjar (commune mixte d'Aïn-Temouchent);
Meftah (commune mixte du Tlélat)
Ouad-Sebbah (commune mixte d'Aïn-Temouchent):
Ouad-Berkech,   id.
Oluad-Alàa (communes mixte de Tlemcen et plein exercice d'Hennaya);
Sidi-Ali-ben-Chaïb (commune mixte de Tlemcen);

La superficie de ces tribus ou douars-communes, jointe à celle des territoires soumis antérieurement à l'application de la loi, en portait l'étendue à 370,968 hectares, et, au 31 décembre 1878, 323,720 hectares, renfermant 39,570 propriétés, avaient été reconnus.

En même temps que se poursuivaient les opérations des Commissions, les dossiers étaient transmis, au fur et à mesure de leur achèvement, à la Préfecture qui les examinait et soumettait ensuite à l'homologation du Gouvernement général ceux qui s'appliquaient à des terrains dits *collectifs àc culture* (arch ou sabega), et au service des domaines ceux qui contenaient des terrains possédés à titre privatif (melk).

Ce contrôle, des plus importants, a pour objet de s'assurer que toutes les instructions sur la matière ont été ponctuellement suivies. Il porte sur les renseignements si nombreux que doit recueillir le président de la commission au cours de son enquête et dont les principaux sont : la collation des noms patronymiques ; l'examen des arbres généalogiques; la vérification de la détermination des quotes-parts; l'origine de la possession ou de la propriété; le rapprochement des plans avec le procès-verbal où sont décrites les limites des propriétés. Enfin, les agents chargés de ce contrôle doivent s'assurer que les commissaires-enquêteurs ont étudié avec soin toutes les réclamations soulevées par leurs travaux, et que leurs conclusions ne donnent lieu à aucune observation.

La nécessité absolue d'un contrôle aussi étendu n'a pas besoin d'être démontrée, quand il s'agit d'une œuvre qui doit amener, à assez courte échéance, des modifications profondes dans l'état social des indigènes.

Voici, en chiffres exacts, la situation actuelle et les divers résultats obtenus du 1er janvier 1874 au 31 décembre 1878 :

Nombre de douars ou tribus où la loi a été appliquée ou s'applique actuellement.	Superficie totale de ces douars ou tribus	Nombre d'hectares reconnus par les Commissions d'enquête	Nombre de propriétés constatées ou constituées sur les surfaces reconnues par les Commissions	Nombre de titres établis par le service des Domaines	Nombre de certificats individuels de propriété délivrés aux ayants-droit	Nombre de propriétaires ou d'usufruitiers entre les mains desquels la propriété sera confirmée
48	370.968ʰ	323.720	39.570	6.014	15.073	31.193

Ces résultats sont consignés dans une carte annexée à la présente brochure et y figurent sous une teinte plate jaune.

Il résulte de ce qui précède que, dans le courant de l'exercice 1878, 110,000 hectares ont été reconnus.

L'ensemble des territoires à soumettre, dans le département d'Oran, à l'application de la loi du 26 juillet 1873, étant de . . . . 1,300,000 hectares, et les superficies reconnues au 31 décembre 1878 s'élevant à . . . . . . 322,720 hectares,

il reste à appliquer la loi sur . . . 977,280 hectares.

En admettant que les travaux puissent être conduits, dans l'avenir, avec la même activité qu'en 1878, l'application de la loi du 26 juillet 1873 sera complètement terminée, dans le département d'Oran, dans moins de dix ans.

TRANSACTIONS IMMOBILIÈRES

consenties par des Indigènes à des Européens sur des territoires soumis à l'application de la loi du 26 juillet 1873.

Pour terminer ce rapide exposé des opérations des commissions d'enquête, il reste à indiquer les résultats obtenus au point de vue de la facilité des transactions immobilières entre Européens et Indigènes.

Ces résultats sont les uns *latents,* les autres *patents.*

On peut ranger dans la catégorie des *latents,* les nombreuses promesses de ventes faites à des Européens par des Indigènes possesseurs de terrains collectifs et proposés pour en devenir les propriétaires.

Ces promesses sont écrites; les engagements réciproques sont garantis par des avances plus ou moins importantes faites par le futur acquéreur.

La réalisation de ces sortes de ventes est une question de temps, l'acte ne pouvant être passé qu'après la déli-

vrance aux indigènes vendeurs des certificats individuels de propriété qui sont des extraits du titre déposé
dans les archives du service des domaines.

Les résultats *patents* sont les ventes enregistrées et
consenties à la suite de la remise aux ayants-droit des
titres individuels.

Ces transactions sont probablement moins nombreuses que les précédentes; voici leur importance au 31
août 1878 :

Commune mixte de Mostaganem

10 ventes s'appliquant à 235 hectares, moyennant le
prix total de 23,480 francs, soit environ 100 francs l'hectare.

Commune mixte de Mékerra

85 ventes portant sur 1,911 hectares, pour le prix total
de 203,636 francs, soit environ 109 francs l'hectare en
moyenne.

Commune de plein exercice de Sidi-bel-Abbès

34 ventes portant sur 836 hectares, pour le prix total
de 81,252 francs, soit une moyenne de 100 francs par
hectare.

Il est inutile de totaliser ces résultats partiels, parce
que cela ne donnerait pas une idée exacte des contrats
réalisés et des engagements pris en vue de transactions
ultérieures. En effet, il n'est pas question dans cet
exposé des ventes réalisées dans le douar-commune de
Tilmouni, où la propriété a été constituée par application
des dispositions du décret du 20 août 1870, mais dont
les titres n'ont été établis et remis aux parties qu'en
août 1874. — 412 attributions avaient été faites, et, bien
avant la délivrance des titres, les Européens s'étaient

établis sur ces terres dont la majeure partie est aujour-
d'hui entre leurs mains.

Plusieurs des conséquences attendues de l'application
de la loi du 26 juillet 1873 se sont produites, et il convient
de les signaler.

Ce sont :

1º Le mouvement donné aux transactions immobilières d'Indigènes à Européens et qui tend à prendre un
assez grand développement ;

2º Le développement de la colonisation libre, facilité
par ces transactions ;

3º L'avilissement des prix des terres arabes enrayé
par suite de la sûreté qu'offrent aux Européens les acquisitions faites au vu de titres déterminant avec certitude
les droits de leurs vendeurs et de plans indiquant les
limites des propriétés.

Ce ne sont pas là les seules conséquences de la constitution de la propriété arabe ; mais ce sont les principales, et nous avons pensé qu'il était bon de les signaler
à l'attention de ceux qui s'intéressent aux progrès et
au développement de notre belle Colonie.

Oran. — Imprimerie de l'Association ouvrière, boulevard Malakoff, 16.

www.ingramcontent.com/pod-product-compliance
Lightning Source LLC
Chambersburg PA
CBHW070858280326
41934CB00008B/1497